JN412025

천년의 러시아

모방과 변용의 문화

라승도 외 지음

이 저서는 2019년 대한민국 교육부와 한국연구재단의 지원을 받아 수행된 연구임
(NRF-2019S1A6A3A02102950)

Лебединое озеро

Храм Василия Блаженного

Шолом-Алейхем

천년의 러시아

모방과 변용의 문화

라승도 외 지음

Иван Александрович Гончаров

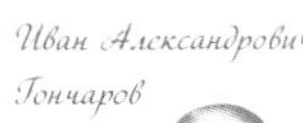

Русская революция

HU:iNE

머리말

오늘날 국제무대에서 러시아의 존재감 표출과 영향력 확대 노력의 배경을 제대로 이해하려면 러시아의 외부 세계, 즉 '타자'에 대한 인식과 타자와의 관계, 타자 수용과 그 결과 등에 대해 지정학적, 지경학적, 지문화적 측면에서의 고찰과 그에 대한 통시적, 공시적 분석이 절실히 요구된다. 유라시아 대륙에 걸쳐 광활한 영토를 보유한 러시아는 여러 문화권과 국경을 맞대고 있어 어느 나라와도 비교할 수 없을 정도로 다양한 타자와 관계를 형성해 왔고 또 타자로부터 영향을 받아 왔다. 예를 들면, 9세기 바이킹들의 유입과 고대국가 설립, 10세기 동방정교의 유입, 13세기 몽골·타타르족의 침략과 이후 240여 년에 걸친 지배, 18세기 표트르 1세(대제)의 적극적인 서구 문물 수용, 19세기 마르크스 사상의 유입, 20세기 냉전 대결과 21세기 세계화 등이 있다. 특히 러시아에 타자는 단지 국경 밖의 외부 세계만은 아니었다. 16세기 이래 러시아가 동쪽으로는 우랄산맥을 넘어 시베리아로, 남쪽으로는 캅카스 지역과 볼가강 유역으로, 중앙아시아 지역으로 영토를 확장하면서 다양한 비러시아, 비정교 민족과 조우하게 되었고, 이들 토착 민족은 러시아의 내적 식민화가 진행되면서 내적 타자로 러시아에 다가왔다. 또한, 유대인의 러시아 유입과 정착도 타자 수용의 대표적 사례였고 이런 타자 수용은 궁극적으로 러시아 문화 융성에 크게 이바지했다.

러시아에서 이문화의 완벽한 흡수와 창조적 변용은 예를 들면 18세기 초 표트르 대제 시대부터 20세기 소련 시대까지 러시아의 발레 수용과 응용 과정에서 어렵지 않게 찾아볼 수 있다. 실제로 러시아는 발레에서 문학, 영화까지 예술의 세계에서만 아니라 역사와 문화에서도 수 세기에 걸쳐 다양한 외래 요소의 부단한 수용을 통해 형성된 매우 특별한 문화적 혼종 국가이다. 예컨대, 마르크스주의 같은 외적 타자의 사상과 이념을 적극적으로 수용해 성공한 1917년 10월 사회주의 혁명과 소비에트 국가 건설 과정은 인류 문명 발전의 거대한 실험 무대로서 인류사에서 유례를 찾아보기 어렵다. 이 과정에서 러시아는 사회주의 문화예술과 과학기술에서 과감한 혁신을 통해 인류 문명의 현대화를 촉진했을 뿐 아니라 세계적인 영향력을 발휘하기도 했다.

『천년의 러시아: 모방과 변용의 문화』는 외래 요소, 그중에서 특히 서구 세계로부터의 외래 요소 유입과 수용이 러시아의 문화 형성과 발전에서 본질적 부분으로 작용했고 더 나아가 세계 속에서 러시아의 저력 발휘에도 크게 이바지했던 과정을 예술과 문화, 역사와 정치의 대표적 사례를 중심으로 소개한다. 예들 들면 유대인의 러시아 유입과 정착이 러시아 문화 융성과 발전 과정에서 궁극적으로 어떻게 표출됐는지를 유대계 러시아 예술가들, 특히 20세기 러시아 문학에 나타난 유대계 러시아 작가들의 존재감과 영향력을 중심으로 살펴봤다. 특히 숄렘 알레이헴과 바실리 그로스만처럼 한국의 일반대중에게 잘 알려지지 않은 작가들을 자세히 조명했다. 이와 함께 러시아의 기독교 수용 과정에서 드러난 정치적 배경, 오늘날 러시아 지방에서 새로운 도시 이미지와 정체성 확립으로 유럽 도시의 면모를 구축하려는 시도, 블라디미르 푸틴 대통령

체제의 러시아에서 나타난 모방의 정치 등도 서구로 대표되는 타자의 영향을 보여주는 사례로 고찰했다.

이처럼 동서양 외래 요소들의 러시아 수용과 변용을 보여주는 구체적 사례들은 여러 분야에 걸쳐 무수하게 존재한다. 이런 부분에 대한 자세한 소개와 진지한 연구는 윈스턴 처칠이 말한 것처럼 '불가사의 속의 미스터리로 둘러싸인 수수께끼' 같은 러시아의 성격과 본질을 파악하는 데 필수불가결하다. 이 책이 러시아를 둘러싼 오해와 진실을 구명하고 오늘날 러시아 사회와 문화, 현실을 제대로 이해하는 데 조금이나마 이바지할 수 있기를 바라마지 않는다.

이 책이 나오기까지 여러 사람의 도움이 많았다. 먼저, 한국외국어대학교 러시아연구소 집필진께 감사 말씀을 드린다. 또한, 이 책의 출판 취지에 충분히 공감하고 집필에 기꺼이 참여해 주신 박선영, 이은경 선생님께 심심한 사의를 표한다. 이와 함께, 총서 출판에 깊은 관심과 지원을 보여주신 러시아연구소 표상용 소장님과 연구진, 원고 윤문에 도움을 준 전미라 책임연구원과 행정 업무를 맡아준 김혜화 선생님께 감사드린다. 끝으로, 녹록지 않은 상황과 일정에도 출판을 결정해 주신 한국외국어대학교 지식출판원 신선호 편집장님과 이근영, 장혜정 선생님께도 고마운 뜻을 전한다.

2022년 5월

라승도

차례

◆ 제2부 역사와 정치

제1부

예술의 세계

제1장

동은 동, 서는 서?

곤차로프가 본 러시아와 서구

김준석

1

이반 곤차로프는 누구인가

『정글북』(1894)의 저자 러디어드 키플링(1865~1936)은 「동과 서의 발라드」(1889)에서 "동은 동이고 서는 서다. 둘은 절대 만나지 않으리"라고 썼다. 두 행에 나타난 시인의 의도가 아직 정확히 규명되진 않았지만, 분명한 사실은 시가 쓰이기 수십 년 전 이미 동과 서가 만났다는 것이다. 이 글의 제목에서 짐작할 수 있듯이, 이반 곤차로프의 작품에서 말이다.

이반 곤차로프(1812~92)는 이반 투르게네프(1818~83), 표도르 도스토옙스키(1821~81), 레프 톨스토이(1828~1910)와 함께 19세기를 대표하는 러시아 사실주의 작가다. 그는 세 편의 장편소설(『평범한 이야기』(1847), 『오블로모프』(1859), 『절벽』(1869))과 여행기(『전함 팔라다』(1854~56)), 다수의 문학 평론과 기록문학 등을 남겼다. 그중에서 『오블로모프』와 『전함 팔라다』는 국내에 번역 · 소개된 바 있다.

곤차로프가 등단한 1840년대 러시아 문학의 앞날은 어두웠다. 민족 시인 알렉산드르 푸시킨(1799~1837)이 1837년 결투로 사망했고, '러시아의 바이런' 미하일 레르몬토프(1814~41) 역시 1841년 결투로 세상을 떠났다. 시인의 나이 고작 26세였다. 니콜라이 고골(1809~52)은 1842년 『죽은 혼』 1부를 출간하지만 이후 이렇다 할 작품을 선보이지 않는다. 이런 상황에서 러시아 자연학파 작가군이 등장했다. 이들은 예술의 객관성을 지나치게 강조한 기록문학에 천착했다. 한마디로 러시아 문학의 침체기였다. 이런 가운데 침묵의 장막을 열어젖힌 세 작가가 있었다. 알렉산드르 게르첸(1812~70), 도스토옙스키, 그리고 곤차로프였다. 1846년 도스토옙스키와 게르첸은 각각 『가난한 사람들』과 『누구의 잘못인가』를 출간하고, 곤차로프는 1847년 『평범한 이야기』를 발표한다. 세 작품이 러시아 문단을 다시금 한 단계 도약시킨다.

『평범한 이야기』를 발표한 이후, 1852년 곤차로프는 다시 지인과 평론계 모두를 놀라게 한다. 험난한 여정을 예고했던 전함 팔라다호의 탑승 요청을 그가 수락한 것이다. 팔라다호는 일본과의 수교라는 국가적 사명을 띠고 출정을 준비 중이었다. 곤차로프는 옙피미 푸탸틴(1803~83) 제독의 비서관 자격으로 동참한다. 여정은 길고 험난했다. 항해 시작 후 불과 3일 만에 덴마크에서 콜레라로 3명이 사망한다. 이는 시작에 불과했다. 배는 영국, 남아프리카, 중국, 조선, 일본을 거치며 숱한 시련과 마주한다. 1852년 10월 7일에 시작한 여정은 1855년 2월 13일이 돼서야 종료됐다. 기나긴 여행의 문학적 결산이 바로 『전함 팔라다』였다. 책은 단순히 보고서나 여행기에 그치지 않았다.

오블로모프와 시톨츠

팔라다호에 탑승한 곤차로프는 두 편의 소설을 구상한다. 그중 하나가 1859년 출간된 작가의 대표작『오블로모프』다. 일리야 오블로모프와 안드레이 시톨츠가 이 소설의 주인공이다.『오블로모프』출간 직후 투르게네프와 톨스토이는 소설의 시의성과 작품성에 주목했다. 소설은 러시아 문단의 높은 평가를 받는다. 참고로, 선상에서 시작된 두 번째 작품『절벽』(1869)이 세상에 나오기까지는 다시 10년이 소요된다.

『오블로모프』의 줄거리는 이렇다. 상트페테르부르크 고로호바야 거리에 사색을 즐기는 조용한 지주 일리야 오블로모프가 하인 자하로프와 함께 살고 있다. 금전적 어려움에 직면한 오블로모프는 돈을 어디서 더 구할지, 이사를 어디로 갈지, 시골 영지는 어떻게 관리할지 생각하며 주로 집에서 시간을 보낸다. 조금은 소심하고 행동력이 부족해 보인다. 그에게는 정반대 성격의 고향 친구인 시톨츠가 있다. 그의 조상은 오래전 독일에서 러시아로 건너와서 정착했다. 그는 성공한 사업가이자 이성적인 행동가다. 시톨츠는 오블로모프를 "침대에서 끌어내려" 한다. 실제 오블로모프의 삶에 변화가 생긴다. 그러던 중 시톨츠가 유럽으로 떠나야 했고, 두 사람은 2주 후 파리에서 만나기로 약속한다. 시톨츠는 지인인 올가 일리인스카야에게 오블로모프를 부탁한다. 이후 오블로모프와 올가는 사랑에 빠졌고, 그는 파리로 가지 않는다. 들은 결혼을 약속한다.

한편, 형편이 나빠진 오블로모프는 페테르부르크 변두리로 이사한다. 새로운 집주인은 과부였고, 이름은 아가피야 프셰니치나였다. 아가피야는 오블로모프가 행복했던 어린 시절을 떠올릴 만큼 좋은 음식과 포근함을 선사했다. 마음씨 좋은 여자였다. 그런데 시골 영지 문제가 계속해서 오블로모프를 괴롭혔다. 그는 궁지에 몰렸고 올가에게 소홀했다. 곧이어 올가와 관계가 소원해진다. 올가는 이별을 고하고 떠난다. 세월이 흘러서 올가는 시톨츠와, 오블로모프는 아가피야와 각각 결혼한다. 오블로모프와 아가피야 사이에서 곧 아들 안드레이가 태어난다. 하지만 기름진 음식과 운동 부족으로 건강이 나빠진 오블로모프는 생을 일찍 마감한다. 이후 오블로모프의 아들 안드레이는 시톨츠가 맡아 양육한다.

여기서 우리는 소설을 읽고 오블로모프를 '행동하지 않는 게으름뱅이'라고 규정할 수 있을까? 오블로모프는 시톨츠와의 대화에서 자신의 '무위'를 이렇게 설명한다.

> "삶이라, 삶은 얼마나 좋은 것인가! 그런데 거기서 무얼 찾아야 하나? 이성이나 감정의 흥밋거리들? 직접 한번 보게. 이 모든 것의 중심은 대체 어디 있는가? 중심이 없어. 감정을 돋우는 그 어떤 깊이 있는 것도 없어. 모두 다 죽어 있고, 잠자고 있어. 사교계와 사회의 구성원들이 나보다도 나을 것이 없단 말일세!" (『오블로모프』 제2부 4장에서)

오블로모프의 항변에서 두 가지를 알 수 있다. 첫째, 오블로모프가 자신을 냉철하게 살핀다는 점이다. 자신을 과다 평가하지 않는다. 둘째, 그가 사회와 사교계를 분별력 있게 정확히 진단한다는 점이다. 그래서 시톨츠는 친구의 말에 반박할 수 없었다. 오블로모프는 사회에 관여하는 것이 힘을 헛되이 소비하는 행위라 여긴다. 그는 삶의 불완전함이 마음에 들지 않았는데, 문제는 스스로 나서서 사회를 변화시키는 데 소질이 없었다는 점이다. 소설에서 두 인물은 상호 대비 속에서 자신을 드러낸다. 하지만 그들의 성격이 오블로모프의 항변에서 나타나듯이 단순하지만은 않다. 바로 이것이 우리가 『전함 팔라다』에서 오블로모프와 시톨츠의 원형이 되는 '러시아인'과 '영국인'을 살펴보는 주된 이유가 된다.

'오블로몹시나'란 무엇인가?

'오블로몹시나'란 무엇일까? 이 단어는 소설의 주인공 '오블로모프'에서 유래했다. 러시아어에서 바로 한국어로 옮기면 '오블로몹시나'라고 쓰고, 영어로는 '오블로모비즘'으로 표현한다. '-이즘, -주의(-ism)'가 중립적인 표현이라면 러시아의 '-시나'는 부정적 양상이 없지 않다. 예조프시나(Ezhovism, 스탈린 집권기 중 정치 탄압이 극심했던 시기를 말하며, 당시 내무인민위원회(NKVD) 수장이었던 니콜라이 예조프(1395~1940)의 성에서 유래함)나 흘레스타콥시나(Khlestakovism, 니콜라이 고골의 희곡 『검찰관』(1836)의 주인공 흘레스타코프의 부정적 속성과 그로 인한 사회적 현상을 일컫는 말)도 그렇다. 영어의 '오블로모비즘'을 한국어로 해석하면 '오블로모프 현상' 또는 '기질' 정도가 될 수 있다.

‘-시나’가 부정적 의미를 내포한 계기 중 하나로 비평가 니콜라이 도브롤류보프(1836~61)의 논문「오블로몹시나란 무엇인가」(1859)를 들 수 있다. 도브롤류보프의 글에서 오블로모프는 러시아 문학사에 등장하는 ‘잉여인간’ 중에서 가장 잉여적인 인간, 즉 사회에 필요 없는 인간 중에서도 가장 불필요한 주인공으로 묘사된다. 이 논문에 따르면, 푸시킨 소설의 오네긴, 알렉산드르 그리보예도프(1795~1829) 희곡의 차츠키, 레르몬토프 소설의 페초린 역시 잉여인간이다. 하지만 그들도 오블로모프만큼은 아니다. 도브롤류보프가 주도한 러시아 사실비평은 오블로모프를 타락과 퇴화의 전형으로 제시했다. 사실비평은 ‘잉여인간 현상’이 사회구조적 문제이기보다는 인간 본성 자체에서 비롯된 결함이라고 주장했다. 반대로 ‘시톨츠’는 ‘진보’와 ‘발전’, ‘문명’의 상징이었다. 19세기 중후반 러시아 사실비평은 오블로모프와 시톨츠, 러시아와 서구의 문제를 구태와 진보라는 이분법적 틀에 가뒀고, 이런 비평 경향은 20세기 사회주의 리얼리즘 비평에 그대로 계승됐다.

소련 시절 개봉한 니키타 미할코프(1945~)의 영화『오블로모프 인생에서의 며칠』(1980)에서 오블로모프 역을 맡은 올레크 타바코프(1935~2018)의 행색 역시 오블로모프의 게으른 이미지를 대중에게 각인시키는 데 한몫한다. 그 영향 때문인지 러시아 가정에서 아이가 게으름을 피우면 부모는 “오블로모프처럼 될 거냐”는 잔소리를 하곤 했다.

하지만 일리야 오블로모프의 부정적인 면만 떼어내 ‘오블로몹시나’를 만들고 이를 오블로모프와 동일시하는 것은 옳지 않다. 오블로모프에 대한 과도한 비난도 여기서 생각해 볼 부분이다.

'미국보다 먼저 일본을!'

1852년 10월 7일 전함 팔라다호를 타고 크론시타트에서 출발한 곤차로프는 1854년 8월 2일 하바롭스크의 작은 항구 마을 아얀으로 들어온다. 이후 시베리아를 거쳐 1855년 2월 25일 페테르부르크로 귀환한다. 전단은 팔라다호 외에 캄차카 함대 소속 코르벳함(군함), 올리부차호, 스쿠너 범선 보스토크호, 수송선 멘시코프공작호 등으로 구성됐다. 푸탸틴 제독이 전단을 총괄하고 이반 운콥스키(1822~86) 소령이 팔라다호 함장을 맡았다. 팔라다호에는 장교 약 30명, 부사관 약 30명, 수병 약 350명 등 총 426명이 승선했다. 아바쿰 신부는 전함 내 종교행사를 주관하고 중국어를 통역했다. 푸탸틴이나 운콥스키, 아바쿰을 비롯한 실제 탑승 장교와 선원이 『전함 팔라다』의 주요 인물로 등장한다. 전함의 주요 정박 지점(크론시타트, 포츠담, 마데이라 제도, 카보베르데, 희망봉, 자바섬, 싱가포르, 홍콩, 나가사키, 상하이 나가사키, 오키나와, 마닐라, 바탄섬, 민다나오섬, 조선, 하바롭스크 등)은 유럽과 아프리카, 아시아 곳곳을 아우른다. 그렇다면 이 거대 전단의 항해 목적은 무엇이었을까? 청나라와의 5개 항 통상권 교섭과 일본과의 수교 체결이었다. 당시 러시아는 일본과의 수교를 두고 미국과 경쟁했다. 매튜 페리 장군의 지휘 아래 미국의 미시시피호 역시 1852년 11월 일본으로 향했고, 1853년 7월 일본에 입항했다. 두 나라 모두 일본과의 관계 수립에 성공한다. 러시아와 미국이 당시부터 서로 의식하는 경쟁자였다는 점이 흥미롭다.

'세계를 내 눈으로 직접!'

팔라다호에 합류한 곤차로프의 목적 가운데 하나는 세계를 돌며 각국의 발전 정도를 눈으로 직접 확인하는 것이었다. 그는 여행의 시작 부분부터 '기술'이나 '발전', '문명화 단계'와 관련하여 '범선'과 '증기선'의 역사, 상호 장단점을 비교·서술한다. 곤차로프는 "[그럼에도 현재는] 옛 범선들조차 증기선으로 개조하는 추세"라며 두세 쪽 분량의 생각을 정리한다. 비행기가 없던 당시 배는 지금보다 중요한 이동 수단이었고, 증기선은 첨단기술의 집약체였다. 작품의 도입 부분에서 마치 제사와도 같은 범선과 증기선 논쟁은 책에 파편적으로 박혀 있는 러시아(인)의 장단점, 인류의 진보 단계, 세계 '일등 시민' 영국인과 러시아인의 비교, 세계 지역별 각기 다른 문명 수준 등으로 서술된다.

팔라다호의 여정은 수평선에 따른 횡적 이동이다. 하지만 곤차로프의 눈에 이 여행은 '세기'에서 '세기'로 이동하는 종적인 시간 여행이기도 했다. 먼저, 팔라다호는 정비와 스쿠너 범선 보스토크호의 건조, 악천후로 말미암아 영국에 긴 시간 정박한다. 당시 영국은 전 유럽을 앞지르는 선진국이었다. 물론 곤차로프는 '영국의 이중성(상업적 이익을 위해 화약을 아프리카에 팔아 지역의 혼란을 부추기는 영국)', '평판의 과장성(러시아에 퍼진 신사의 나라 영국)' 등도 책에 기술한다. 하지만 이것이 곤차로프의 중심 주제는 아니었다. 그가 주목한 것은 자신이 세계에서 가장 앞선 근대 국가를 직접 경험했다는 점이다. 이후 팔라다호는 아프리카를 거쳐 1854년 1월 일본 류큐섬 연안에 다다른다. 마을을 둘러본 곤차로프는 이곳에서 성경에 등장하는 '아브라함의 시대'를 경험했노라고 기록한다. 그는 기원전 8세기 호메로스가 묘사했던 삶이라고 기술한다.

> 이곳[류큐섬]은 성경이나 호메로스가 묘사한 것과 같은 고대 세계에서 유일하게 살아남은 작은 조각 같다네. (...) 마치 아무것도 변하지 않은 2000년 전으로 돌아간 듯한 느낌이네. (『전함 팔라다』 제2권 4장 '류큐 제도'에서)

이렇듯 시간의 수직을 따라 다양한 역사적 시기를 경험한 곤차로프는 국가와 민족의 진보라는 문제를 개념화한다. 그는 유럽, 아프리카, 아시아 등 각기 다른 삶의 조건과 문명의 현 단계를 비교한다. 모든 민족에 해당하는 진보나 문명이라는 것이 과연 존재하는지 의문도 제기한다. 곤차로프는 비록 속도는 다를지언정 세계 어느 곳이든, 어떤 민족이든 문명화의 진행 속에 있음을 확인하고 기록한다. 단지 각기 다른 발전의 단계를 거치고 있을 뿐이라는 것이다. 그는 당시 러시아 지식인층 사이에 퍼졌던 요한 고트프리트 헤르더(1744~1803)의 역사관을 따랐다. 헤르더는 민족(국가)의 삶을 개인의 삶에 빗대어 설명했다. 인간이 유년기, 청년기, 장년기, 노년기를 거치듯이, 문명 역시 동일 단계를 지난다는 것이다. 이 역사관에 따르면 고대 이집트와 그리스, 로마는 이미 모든 단계를 지났다. 소멸한 민족의 자리는 다른 민족이 차지한다. 물론, 당시 헤르더의 은 유를 곤차로프만 차용한 것은 아니며『전함 팔라다』에 제시된 민족론 역시 그만의 독창적인 생각이라고 할 수 없다. 하지만 곤차로프는 실제로 직접 눈으로 경험한 것을 실증하고 있고, 그래서 그의 이야기는 설득력이 있다.

동과 서가 만나다

앞서 인용했듯이, 러디어드 키플링은「동과 서의 발라드」에서 “동은 동이고 서는 서다. 둘은 절대 만나지 않으리”라고 쓰며 당시 제국주의적 시대상에 호응한 바 있다. 하지만 노벨문학상을 받기도 한 이 영국 작가보다 곤차로프가 시기적으로 훨씬 더 먼저 동과 서의 문제를 탐구했다. 영국인으로서 인도에서 태어나 동과 서를 모두 경험했던 키플링에게 이 문제가 중요했던 만큼이나 한쪽에서 보면 유럽이고 다른 한쪽에서 보면 아시아인 나라에서 성장한 곤차로프에게도 동과 서는 중요한 문제였다.

『전함 팔라다』에서 곤차로프는 국가와 민족, 유럽의 관습과 아시아의 전통, 유럽인과 동양인(또는 러시아인)을 비교하며, 무엇이 ‘동’이고 무엇이 ‘서’인지, 러시아인은 누구인지 이야기한다. 유럽과 아시아가 뚜렷이 공존하는 유라시아 대륙에 속한 러시아의 오늘을 규명하고 미래를 모색한다. 이 작품은 비교와 대조의 책이라고도 할 수 있다. 비교와 대조의 객체 중 가장 눈에 띄는 대상이 아시아와 유럽이며, 이는 소설『오블로모프』도 마찬가지다.

『전함 팔라다』의 루스키 미르

1852년 10월 7일 크론시타트에서 출발한 곤차로프는 1852년 12월 영국에 머물며 일지를 쓴다. 팔라다호는 정비와 날씨 등의 이유로 영국에 예정보다 더 오래 정박한다. 곤차로프는 영국인의 일상을 관찰하고 러시아인의 삶과 비교할 수 있었다. 작가는 그가 가진 러시아적 전통에 기초하여 영국인을 조명한다. 그러므로 영국인과 러시아인를 비교하기 전에 곤차로프가 책에 제시한 러시아적 전통의 세계, 즉 루스키 미르(러시아 세계)에 관해 살펴보도록 하자.

니키타 프루츠코프(1910~79)는 곤차로프 연구서에서 곤차로프가 19세기 중반 "비감성적이고 반인류적인 세계관의 도래를 인지"했으며, 작가가 "표도르 도스토옙스키의 (...) 뒤를 이어 [서구적 합리주의에 맞서는 러시아의] 가부장적 세계(Patriarchy)에 호감을 보였다"라고 기술한다. 프루츠코프가 지적한 "반인류적인 세계관"이란 서구에서 들어온 자본주의, 경제적 합리주의, 개인주의 등을 말하며, 이 세계관에 반대되는 개념으로 도스토옙스키와 곤차로프가 주목한 부분이 러시아적 가부장성이다. 프루츠코프와 비슷하게 다른 연구자들도 곤차로프가 가부장제에 우호적이었다는 점을 이야기한다.

곤차로프는 첫 번째 소설『평범한 이야기』에서 이미 러시아의 가부장적 세계를 묘사한 바 있다. 그는 수도 페테르부르크와 지방 소도시를 대비하며 영지 생활의 가부장성을 부각했다(지방 영지-한적함-가부장제 대 도시-분주함-자본주의). 이후 1849년 곤차로프는『오블로모프』의 한 장을 차지하게 될 「오블로모프의 꿈」을 『삽화가 있는 문학 모음집』(문학잡지 『동시대인』 편집부 출간)에 발표한다. 곤차로프는 「오블로모프의 꿈」을 "소설의 서곡"으로 지칭한다. 참고로 「오블로모프의 꿈」 발표는 1849년, 팔라다호 항해는 1852~1855년, 『오블로모프』 출간은 1859년이다. 「오블로모프의 꿈」에서 곤차로프는 의심받지 않는 절대 권위의 상징인 가장의 지위를 묘사한다. 그는 가족, 집단, 공동체의 원칙들을 제시한다. 러시아 문학에서 '목가적 가부장성'이라는 개념이 정립된 것도 이때다. 이 목가적 가부장성에서, 다시 말해 19세기 러시아 가부장적 세계에서 눈에 띄는 특징은 이 개념의 대립어로 서구식 자본주의가 제시됐다는 점이다.

『전함 팔라다』의 루스키 미르를 살펴보기 전에 한 가지 더 주목할 점이 있다. 바로 이 책의 장르에 관한 부분이다. 작품의 장르는 러시아어로 '오체르크'라고 표기한다. 오체르크는 보도문학, 실화소설 등으로 번역할 수 있다. 즉, 이 책은 문학적 속성을 띠고 있다. 실제 인물과 함께 작가가 변형한 캐릭터, 각색된 에피소드가 책에 담겨 있다. 따라서 이 책은 2년간의 항해일지나 여행기라고 할 수 없다. 항해의 많은 부분을 다루고 있지도 않다. 보리스 엔겔가르트(1887~1942)는 이 책이 사실과 다르다는 점을 1986년 자신의 논문(『전함 팔라다』)에서 설득력 있게 밝힌다. 실제 항해에 참여했던 선원과 장교가 『전함 팔라다』를 읽고 사실과 달라 실망했다는 기록도 존재한다. 책은 세계 일주 보고서가 아닌 사실 자료와 경험에 기반한 문학작품이다. 작가가 '각색한' 부분은 다음과 같이 세 개의 주제로 구분된다.

등장인물의 부정적 성격 제거

여러 등장인물의 부정적 측면이 제거되어 있다. 한 가지 예를 들면 이렇다. 곤차로프는 총사령관 격인 푸탸틴 제독, 팔라다호 함장인 운콥스키 소령과 모두 가까운 사이였다. 그는 항해 중 푸탸틴과 운콥스키가 결투까지 갈 뻔한 사건도 알고 있었다. 장교들 사이의 복잡한 이해관계도 알고 있었다. 하지만 책에는 이와 관련한 어떤 언급도 등장하지 않는다. 곤차로프는 '형제 같은' 러시아 해군이라는 집합적 형상을 만들고 있었다.『전함 팔라다』에 등장한 승선 장교의 성격을 간추려보면 다음과 같다.

제독 푸탸틴: 고결함, 외교관으로서의 안목(지혜), 높은 교육 정도, 자상함, 친절함

소령 운콥스키: 선량함, 올곧은 성격, 친절함

소령 포시예트: 외교관으로서의 현명함, 선량함, 균형성, 심리적 안정감

소령 림스키 · 코르사코프: 용맹함, 고결함

대위 티흐메뇨프: 선량함, 책임감, 선량함

소위 젤료니: 책임감

장교들은 자신의 임무를 망각하지 않고 수행하는 '책임감 있고' '숙련된' 일꾼이며 '고귀한 성품'에 '유쾌했다'. 장교뿐 아니라 일반 선원의 모습도 유사하다. 이것이 승선자 그룹의 '집합적 형상'이다. 곤차로프는 이

들이 서로 존경하고 우애 있다는 점을 여러 차례 강조한다. 책에는 이름 없는 주인공도 다수 등장하는데, 그때도 화자는 언제나 그를 "나의 동반자"라고 기술하며 공동체 의식을 부각한다.

공동체 의식과 관련하여 재미있는 연구가 있다. 니나 예르몰라예바는『전함 팔라다』의 후반부로 갈수록 러시아어 1인칭 대명사로 표기하는 서술자 '나(ya)'가 '우리(my)'로 표기되는 경향이 있다고 지적한다. 일례로 러시아어 판본 기준 30쪽 정도인 1권 2장「대서양과 마데이라 제도」에서 '우리'가 53번 쓰였다면, 49쪽 정도인 2권 6장「마닐라에서 시베리아 해안까지」에서 '우리'는 136번 나온다. 예르몰라예바는 이것이 작가의 의도라기보다는 그의 잠재의식에 내재한 공동체성의 무의식적 발로라고 기술한다.

모두가 보통 사람

팔라다호는 일본과의 외교 수립이라는 중대한 임무를 맡은바, 구성원도 러시아 해군 장교 중 엘리트로 차출·조직한다. 곤차로프 역시 군인은 아니었지만 러시아를 대표하는 문인이자 지성인이었다. 위대한 작곡가 니콜라이 림스키코르사코프(1844~1908)의 친형 보인 림스키코르사코프(1822~1871)도 전함에 승선했다. 하지만 어떤 개인도 작품에서 특별함이 강조되지 않는다.

곤차로프는 탑승 장교들의 소박한 모습을 강조한다. 예를 들면, 배의 흔들림이 심할 때 선장은 일반 선원들과 밤을 지새웠으며, 항해 내내 모든 장교가 부사관, 수병들과 함께 식사하고 생활했다. 상하이 부근을 항해할 때 크류드네르 남작(소령)이 작은 스루너 범선에서 어쩔 수 없이 "발은 바닥에 떨구고, 머리는 선반 어딘가 둔 채" 잠을 청하는 모습이 묘사된다. 제독의 전속 부관이자 학자였던 포시예트가 일본인이 가져온 이름 모를 생선 요리를 먹는 장면 묘사에서도 곤차로프는 "포시예트가 음식에 관해 매우 관대하다"라고 설명한다. 이러한 러시아 장교의 소박함은 중국에 거주하며 호화로운 생활을 즐기는 영국 장교와 비교·대비된다.

우리는 한 가족

먼저 곤차로프는 항해 첫날부터 전함을 "집과 같다"라고 기술한다. 그리고 전함 내 가장 높은 지위에 있는 푸탸틴 제독과 운콥스키 함장에게 "가장(patriarch)"이라는 호칭을 부여한다. 곤차로프가 집과 집안의 위계를 구성하고 있는 것이다. 상부에는 장교 그룹, 하부에는 부사관과 일반선원 그룹이 위치한다. 그리고 모두를 통제하는 가장이 존재한다. 전함에 승선한 모든 이의 운명은 두 가장에게 달려 있다. 가장의 호칭이 부여된 제독과 함장의 결정과 지시에는 어떠한 의혹도 있을 수 없다. 또한, 책에서는 선원 그룹 중 가장 많은 지면이 파데예프에게 할애됐다. 곤차로프의 수행원인 그는 우스꽝스럽고 불만도 많다. 하지만 충직한 모습으로 향후 오블로모프의 하인 자하로프의 형상으로 발전한다.

이처럼 『전함 팔라다』에서 곤차로프는 가장 러시아적인 세계의 주요 요소로 가부장성과 공동체 의식을 제시했다. 책에는 러시아의 가부장적 세계를 나타내는 세 개의 장면이 등장한다. 첫째, 모든 장교와 선원이 모여 큰 식탁에서 식사하는 장면이다. 둘째, 전함의 모든 구성원이 수요일마다 철야 예배를 올리고 일요일마다 오전 예배 의식을 치르는 장면이다. 부활절과 성탄절 등 정교회 축일을 엄격히 지키는 모습도 묘사된다. 모든 종교행사는 전함의 종교 수장 아바쿰 신부가 관장한다. 셋째, 누군가 규칙 위반으로 벌을 받을 때 나머지 선원이 기뻐하는 장면이다. 이 모습 역시 이 전함(가족) 내 제도가 올바르고 견고하다는 인식에서 기인한다. 책에는 단체(집 · 가정)의 규칙을 어겼을 때 죄의식을 느껴야 한다는 인식, 그리고 공정하고 공평한 상벌이 체제를 계속해서 지탱할 수 있다는 인식이 존재한다. 이는 모두 충실한 공동체 의식에서 비롯된 것이다.

세 번째 장면 중 파데예프와 관련된 부분을 소개하면 이렇다. 팔라다호에서 음식과 식수를 절약하라는 명령이 내려졌다. 그런데 어쩐 일인지 파데예프는 곤차로프에게 매일 아침 한 주전자씩 물을 퍼다 주었다. 선창 담당 부사관 테렌티예프가 경계를 게을리할 리도 없는데 말이다. 그러던 어느 날 파데예프는 빈 주전자를 들고 돌아왔다.

> 그[파데예프]는 손으로 뒷머리를 긁적이고 등을 긁어대며 왠지 큰 소리로 너털웃음을 웃어대더군. 부자연스럽게 말이지. (...) 그러다 마침내 말했네. "제기랄, 젠장, 머리를 어찌나 세게 때리던지요!" - "누가, 왜?" - "티렌티예프가요, 젠장! 부랑배 자식이 보고 말았어요! 내가 물을 길어서 선박 사다리로 갔는데 그가 어디선가 갑자기 튀어나와서 주전자를 빼앗고는 원래 자리에 부

어버렸어요. 그러고는 뒤통수를 어찌나 세게 때리던지, 내가 선박 사다리로 도망가는데 그가 뒤에서 내 등을 굵은 밧줄로 쳤어요!" 그러고 나서 그는 다시 웃기 시작했네. 누군가에게 생긴 실패가, 심지어 이때처럼 그 자신이라도 [규칙을 어겼을 때] 누군가 맞는 것이 파더예프를 얼마나 기쁘게 했는지 이미 자네들에게 말한 적이 있을 거야. (『전함 팔라다』 제1권 1장 '크론시타트 항구에서 리저드곶까지'에서)

「**영국인과 러시아인의 실루엣**」

앞서 우리는 러시아 가부장적 세계의 반대편에 서구 자본주의가 자리했다는 점을 이야기했다. 곤차로프는 『전함 팔라다』에서 이 가부장적 공동체 의식에 반하는 자본주의적 속성을 구체적으로 제시한다. 주지하듯이, 전함 팔라다호의 정비와 스쿠너 범선 보스토크호의 건조, 악천후의 영향으로 곤차로프는 예정보다 더 오랜 시간 영국에 머물렀다. 그는 1852년 말과 1853년 초 사이의 기간을 영국에서 보낸다. 당시 영국은 서구 제국주의와 자본주의의 중심지였다. 곤차로프는 영국을 포함한 유럽에 관해 많은 책을 읽고 이제 직접 영국을 경험하게 됐다. 도착 후 그는 자본주의적 화려함과 질서, 청결함 등에 경이로움을 표한다. 하지만 시간이 경과할수록 곤차로프는 이 자본주의 사회에서 무엇이 손실되고 있는지 주목한다.

200만 명 정도의 주민이 있으며 전 세계 교역의 중심인 이곳에 눈에 띄지 않는 것이 있는데 그것이 무엇이라고 생각하는가? 바로 삶이야. 다시 말해서 삶의 폭풍 같은 동요가 없어. 교역은 보이지만 삶은 없다네. (...) 도시는 마치 생물체처럼 자신의 호흡과 맥박을 억누르는 것처럼 보인다네. 무익한 고함도 쓸데없는 움직임도 없어. (...) 보기 흉한 차림새의 사람들 또한 볼 수 없다네. 그들은 분명 멀리 떨어져 있는 구역들의 틈 사이 어딘가에 바퀴벌레처럼 숨어 있을 테지. (『전함 팔라다』 제1권 1장에서)

작가는 영국인의 일상을 관찰했다. 영국인이 삶을 바라보는 시각은 러시아인의 세계 인식과 달랐다. 영국인은 『평범한 이야기』의 주인공이나 알렉산드르 게르첸, 미하일 바쿠닌(1814~76)과 같이 다방면에서 자신의 재능을 발현하고, 역사라는 커다란 줄기의 선봉에 서겠다는 열정 가득한 러시아 1840년대 세대와 달랐다. 곤차로프는 이들이 새로운 인간 유형임을 직감한다. 곤차로프가 묘사한 영국의 가장은 자신의 전문 영역에만 관심을 쏟았다. 타인에게 무관심했다.

영국인은 박애라고 느껴질 정도로 예의가 바르다네. (...) 영국인들은 진지한 질문에 대답해주고 자네들이 필요로 하는 소식을 전해주며 길을 알려주는 일 등을 할 거야. 그러나 만약에 자네가 그들에게 그냥 이야기를 좀 나누어보려고 말을 건다면 불만족스러워 할 걸세. (『전함 팔라다』 제1권 1장에서)

런던에서 만난 사람이 영국인 자물쇠공이라면, 그는 세계에서 제일

가는 자물쇠공일 것이다. 그래서 만약 당신이 자물쇠가 필요하면 바로 그에게 연락할 것이다. 영국에는 이러한 전문가가 많다. 곤차로프는 유리 전문가도 알고, 바퀴 전문가도 안다. 그런데 이들은 자신의 직업 외에 다른 일은 잘 모르고 궁금해하지도 않는다.

> 기계공, 엔지니어는 정치·경제를 모른다는 이유로 질책을 받을까 근심하지 않아. 그는 이 분야의 책을 절대로 한 권도 읽어본 적이 없을 텐데 말이야. (『전함 팔라다』 제1권 1장에서)

이들을 관찰하며 곤차로프는 문명의 발전과 진보가 인간의 시야를 어디까지 좁힐지 우려한다. 그가 보기에 이때 인간은 어떤 전문적인 기계가 된다. 이러한 인간의 인식을 곤차로프는 "단순히 이것 혹은 저것이 유익할 테니 살펴보아야 한다는 차가운 인식"(『전함 팔라다』 제1권 1장)이라고 표현한다. 사회가 이런 방향으로 지속되면 인간의 가능성과 잠재력은 좁은 범주의 분야에만 활용될 것이다. 타인에 관한 무관심이 걷잡을 수 없이 만연해질 것이다. 이것이 서구의 개인주의다.

책에서 곤차로프는 영국인과 러시아인의 하루를 코믹하게 묘사한다. 「영국인과 러시아인의 실루엣」에서 곤차로프는 두 가지 삶의 유형을 제시한다. 영국인의 하루는 알람시계로 시작해서 계획표대로 진행하는 합리적이고 이성적인 삶이다. 그는 하루 중 대부분을 기계와 함께 보낸다. 반면 러시아인의 삶에는 '기계적인 것'이 아무것도 없다. 이성이나 실용성도 그의 계획표엔 없다. 농사를 지으려고 애쓰는 러시아인이 등장하는데 그 결과를 예측할 수 없을 정도다. 곤차로프는 분명히 영국인의 삶과 러시아인의 삶 모두에 장단점이 있다고 말하고 있다. '기계적', '인간적', '이성적', '합리적', '무질서', '감성적', '실용적'이라는 수식어가 서로 다른 두 삶의 방식에 뒤섞여 있다. 그리고 곤차로프의 이런 경험과 관찰은 7년 후 출간되는 『오블로모프』의 두 주인공을 낳는다. 이제 오블로모프와 시톨츠에게 다시 돌아가 보자.

"러시아는 깨어나고 있다"

알렉산드르 게르첸이 지적했듯이, 『오블로모프』가 출간된 시기는 러시아가 "깨어나던 시기"였다. 농노제 폐지를 비롯한 사회 변혁의 바람이 일었다. 러시아에 서구 자본주의도 자리 잡기 시작한다. 소설에서는 시톨츠 가문이 그 반증이었다. 아버지로부터 독일식 교육을 받은 시톨츠는 부지런했으며 어려서부터 돈의 의미를 알았다.

시톨츠는 실용적이고 이성적이었으며 감정을 허투루 소비하지 않았다. 한 가지 예를 들어 보자. 시톨츠가 성인이 되자 그의 아버지 이반은 아들을 수도 페테르부르크로 떠나보낸다. 곤차로프는 그것이 독일식이며, 먼 옛날 이반의 아버지도 이반이 성인이 되자 그를 고향에서 떠나보냈다고 기술한다. 주인댁 아드님이 고향을 떠난다고 하자 마을 주민이 모여들었다. 마을에서 송별 의식이 거행되었다. 그런데 아버지와 아들은 이 의식의 주요 요소인 눈물과 포옹을 보여주지 않는다. 처음부터 끝까지 이들 대화의 주제어는 '차비', '자금', '성공'이었다.

『전함 팔라다』에서 곤차로프가 영국인과 러시아인을 비교했듯이, 『오블로모프』의 여주인공 올가는 오블로모프와 시톨츠를 비교한다. 소설에서 올가의 비교와 선택, 결정은 단순히 여주인공의 반쪽 찾기란 주제로 끝나는 문제가 아니었다. 그 과정에는 삶에 대한 상반된 시각, 이제까지 이 글에서 이야기한 두 개의 세계관이 비교·평가된다. 시험의 결과는 비단 이 소설의 줄거리 안에서만 중요한 것이 아니었다. 작가는 그 결과에 러시아 전체의 운명이 걸렸다고 생각했다. 중간지대가 부재한 양자택일의 문제가 올가 앞에, 러시아 앞에 놓여 있었다. 당시 러시아 사회상을 반영하듯이 소설에는 변증법적 길이 명시되지 않는다.

오블로모프를 올가에게 소개한 장본인이 바로 시톨츠다. 정작 자신은 그토록 오랜 시간 올가를 봐왔음에도 그를 자신의 반려자로 깨닫지 못한다. 시톨츠가 올가를 삶의 동반자로 인식하는 데는 오블로모프의 도움이 절대적이었다. 올가는 누구도 아닌 오블로모프를 만나 인간으로서, 여성으로서 성장한다. 오블로모프의 사랑이 그녀를 단시간 동안 성장시킨 것이다. 시톨츠가 사랑한 올가는 오블로모프와의 연애 후 정신적으로 성숙한 올가였다.

> "정말 그녀는 성숙해졌어. 맙소사! 언제 이렇게 큰 거야! 도대체 누가 그 선생님이었단 말인가? 어디서 그런 인생 공부를 했을까?" (『오블로모프』 제2권 4부 4장에서)

성장한 올가를 보고 시톨츠가 놀라는 장면은 인상적이다. 대척점에 섰던 두 세계관이 이 선택의 과정에선 함께였던 것이다. 소설에 제시된 상반된 속성, 즉 지방과 도시, 러시아와 서구가 이 깨어나는 러시아의 삶에선 반목이 아니라 서로 보충하고 공존하는 것이라고 곤차로프는 말한다.

참고문헌

곤차로프, 이반.『오블로모프 1, 2』. 최윤락 옮김. 서울: 문학과지성사, 2002.

______.『전함 팔라다』. 문준일 옮김. 서울: 동북아역사재단, 2014.

______.『전함 팔라다 I, II』. 정막래 옮김. 파주: 살림, 2016.

김준석. “문학에 나타난 문화의 공존 양상: 이반 곤차로프의『오블로모프』를 중심으로.”『슬라브학보』. 36권 3호 (2021).

Гончаров, И.А. *Собр. соч. в 4 тт.* М.: Правда, 1981.

Ермолаева, Н.Л. *Иван Александрович Гончаров. Биография и творчество.* Иваново: Ивановский гос. ун-т, 2009.

Пруцков, Н.И. *Мастерство Гончарова-романиста.* М.-Л.: Наука, 1962.

제2장

지붕 위의 바이올린

러시아 문학을 빛낸 유대인들

이은경

2

유대인, 아이러니한 민족

오늘날 전 세계를 이끄는 가장 강력한 민족집단을 떠올리자면 유대인이 먼저 생각날 것이다. 세계 경제를 주무르고 사회 전반에 걸쳐 유독 강력한 힘을 발휘해온 유대인은 존재 자체로 아이러니한 민족이다. 2000년간 나라 없이 전 세계를 떠돌았지만, 새로운 곳에 정착하기만 하면 얼마 가지 않아 주요세력으로 부상했고, 동시에 기존 정착 세력에 의해 반유대주의적 정서에 시달리며 탄압과 굴욕의 역사를 겪어왔다. 전 세계를 쥐락펴락하는 중심 세력이면서 늘 외인(外人)이었던 이들은 중세 이후 특히 동유럽 일대에 자리를 잡고 터전을 넓혀가면서 자신들의 문화를 꽃피웠다. 유대인은 전통문화를 고수하는 가운데 새로운 정착지에 동화되기 시작했다. 유대인 하면 고유의 문화를 주장하는 고집스러운 민족, 타민족과 섞이기를 싫어하는 유별난 민족으로 알려졌지만, 동유럽 유대인은 정통파 유대인과는 약간 다른 양상을 보였다. 물론 이들 역시 타고난 유대인이었고 기질도 여전했지만, 유럽을 거쳐 동유럽에 정착하는 과정에서 독특한 형상을 띠게 되었다.

동유럽 유대인의 절대다수를 차지하는 아시케나지 유대인은 유럽의 핍박을 피해 러시아와 동유럽으로 들어왔는데, 이 과정에서 이동 경로의 흔적이 삶에 그대로 묻어나는 독특한 현상이 발생했다. 동유럽으로 이주해온 유대인은 고유의 언어인 히브리어를 사용하는 대신, 독일어의 영향이 강하게 반영된 이디시어를 사용한다. 이디시어는 동유럽 유대인의 고유한 언어로 히브리어에 독일어의 요소들이 섞여서 만들어졌다. 히브리 민족이 히브리어를 사용하는 반면, 동유럽 유대인은 이디시어라는 새로운 언어로 그들의 정체성을 드러낸다. 팔레스타인 땅에서 서유럽으로, 다시 동유럽으로 질곡의 시간을 거쳐온 이들에게 여러 나라의 흔적이 묻어나는 소리와 문법의 특징을 지닌 이디시어는 그 자체로 이들이 살아온 시공간을 담아내는 그릇이었다.

동유럽 유대인은 최근 민감한 문제로 부상한 러시아와 우크라이나의 관계를 이해하는 것과도 밀접하게 연관되어 있다. 기원후 70년 이스라엘이 멸망하자, 수많은 유대인이 팔레스타인 땅을 떠나 사방으로 흩어졌다. 그중 일부는 스페인으로 건너가 스페인, 포르투갈계 유대인을 뜻하는 세파르디 유대인이 되었고, 또 다른 일부는 프랑스, 독일 등으로 건너갔다가 십자군 전쟁 이후 핍박을 피해 동유럽으로 이동한 아시케나지 유대인이 되었다. 오늘날 전 세계 유대인의 80%를 차지하는 아시케나지 유대인은 동유럽에 거주한 유대인을 일컫는 말이다. 세파르디 유대인은 히브리어를 사용하고 유대인의 풍습을 그대로 유지했지만, 아시케나지 유대인은 게르만계의 영향이 강하게 드러나는 의식과 이디시어가 특징적이었다. 그만큼 이들에게는 타지에서의 동화 현상이 두드러졌다. 18세기에 이르러 이들은 러시아·동유럽 유대인으로 일컬어지며 삶의 터전이 확장된다. 이 과정의 발단은 18세기 러시아 영토의 재편성으로 시작됐다.

러시아 영토의 낯선 이방인

18세기 예카테리나 여제의 영토 확장으로 이전까지 러시아 제국에서 볼 수 없던 새로운 민족들이 대거 유입되기 시작했다. 1772년부터 1795년까지 러시아, 프로이센, 오스트리아가 폴란드-리투아니아 연합을 3차에 걸쳐 분할한 결과 우크라이나인, 벨라루스인 등 비러시아계 민족들을 비롯하여 약 100만 명의 유대인이 러시아 제국으로 유입됐다. 1772년 한 해 동안 6만 명의 유대인이 벨라루스 동부로 이주해올 정도였다. 러시아와 동유럽 하면 과거 사회주의 국가 시절로 인해, 소련과 위성국들이라는 고정된 편견으로 인해 동일 문화권으로 생각하기가 쉽다. 그러나 이 지역은 생각보다 복잡한 문화권으로 형성되어 있다. 특히 종교는 민족 정체성을 결정짓는 데서 중요한 요인이다. 폴란드는 전통적으로 가톨릭 국가이고, 유대인들은 유대교에 뿌리를 두고 있다. 러시아는 988년 동방기독교를 수용한 이래로 정교 국가로서 자부심이 대단하다. 지역과 민족을 고려할 때 이곳은 크게 기독교 문화권으로 묶을 수 있지만, 종교적 정체성이 각기 다른 만큼 상당히 이질적인 요소들이 뒤섞이는 특이한 현상이 발생했음을 알 수 있다.

러시아 제국으로 유입된 유대인은 머지않아 새로운 사회에서 굵직한 역할을 담당하기 시작한다. 이들은 러시아 문학과 문화를 선도하는 혁신의 아이콘이 되었으며, '진정한 의미'에서 러시아의 유럽화를 이끈 인물들이었다. 러시아 사회 저변에 유럽 문화가 이식되는 데서 결정적인 중계자 역할을 맡았던 사람들이 바로 유대인이다. 이들은 각 영역에서 두각을 드러내며 러시아를 이끌었다. 특히 소련 시대 정치, 경제, 사회, 문화, 문학, 예술 전반에 걸쳐 유대인의 역할은 지대했다. 음악인, 미술가, 문인 등 유대인 출신 거장들은 러시아를 예술 강국으로 세우는 데 크게 이바지했다.

유대인은 러시아 문화를 다채롭게 만드는 데서 결정적인 역할을 담당했다. 이들은 슬라브 문화권에 놓여 있던 러시아에 완전히 색다른 요소를 끌어들였다. 이질적이면서도 낯선 문화가 러시아에서 꽃피울 수 있었던 것은 20세기 초 민족문화를 장려하던 사회적 분위기가 한몫했다. 민족적, 인종적 차이의 예술 표현을 권장하는 분위기는 다양한 민족예술들의 공존과 융성의 원동력이 되었다. 유대 르네상스라는 황금기가 열리면서 유대인들의 활동은 더욱 활발해졌다. 급격한 변화 속에 유대인은 소련 사회에 동화되려는 노력을 보였고, 소련을 구성하는 다양한 민족 사이에서도 단연코 돋보이는 존재가 되었다.

폴란드의 영토 분할로 러시아에 편입된 지역은 오늘날 우크라이나의 서쪽에 해당한다. 그렇다 보니 유대인은 러시아 제국 남서부, 현재 우크라이나 지역에 대거 포진해 있었고, 소련 시기 이곳을 중심으로 유대 문화의 중심지가 조성됐다. 유대인거주한정지역(Pale)이 있던 키예프를 중심으로 유대인의 활동이 두드러졌다. 남부 항구 도시 오데사는 유대인 문화를 폭발적으로 증폭시키는 무대를 제공했다. 이처럼 키예프와 오데사는 러시아 유대인의 본거지이기도 했지만, 소련 시기 문학과 문화를 이끄는 핵심 도시로서 기능했다. 특히 오데사는 모스크바와 페테르부르크에 견줄만한 제3의 문학 도시로까지 성장하는 맹위를 떨쳤다.

숄롬 알레이헴, 러시아 유대 문학의 포문을 열다

키예프의 문학가로 알려진 숄롬 알레이헴(1859~1926)이 아니었다면 유대 문학이 러시아에서 그토록 폭발적인 힘을 발휘할 수 있었을까. 결론부터 말하자면 절대 쉽지 않았을 것이다. 러시아 유대 문학의 근간을 마련한 숄롬 알레이헴이야말로 러시아 유대 문학을 한 단계 높인 인물이었다. 그는 이전의 유대 작가들의 활동과는 상대적으로 다른 차원의 유대 문학을 보여줬고, 앞장서서 러시아 유대인들을 계몽시키고 교육적 수단으로서의 '문학'을 몸소 실천해 보였다. 그는 유대 문학이 다른 소수 민족의 문학과 별반 차이가 없던 지위에서 벗어나는 데서 결정적인 역할을 담당했다.

숄롬 알레이헴으로 널리 알려진 솔로몬 나우모비치 라비노비치는 자신의 필명을 유대인의 전통적인 인사말 '샬롬(שָׁלוֹם)', 즉 '당신께 평강이 임하길!'이라는 뜻에서 가져왔다. 영어, 이디시어, 히브리어, 러시아어 발음에 따라 국내에는 숄롬 알레이쳄, 숄렘 알레이헴, 샬롬 알레이헴, 숄롬 알레이헴으로 알려진 작가이다. 한 작가의 이름이 이렇게까지 여러 언어로 소개되는 경우가 있을까. 그만큼 이 작가가 활동했던 범주와 독자 대상이 폭넓었음을 이름 표기에서도 엿볼 수 있다. 이 낯선 이름의 작가를 처음 들어본 사람은 많아도 정작 그의 작품을 모르는 사람을 찾아보기 힘들다.

1971년 미국에서 제작된 노만 쥬이슨 감독의 영화「지붕 위의 바이올린」의 원작이 러시아 출신의 유대 작가 숄롬 알레이헴의『우유 배달부 테비에』(1894~1914)라는 사실을 아는 사람은 그리 많지 않을 듯하다. 원작에서 멀어진 듯한 영화제목 '지붕 위의 바이올린'은 비텝스크의 한 지붕 위에서 바이올린을 켜는 연주자를 그린 마르크 샤갈의 작품명에서 유래했다. 샤갈 역시 러시아 유대인이었고, 이 영화의 백미라고 일컫는 황혼의 결혼식 장면을 연출한 무대미술가 보리스 아론슨과 영화의 마지막 장면에서 인상 깊은 바이올린 연주를 한 아이작 스턴 역시 러시아 출신의 유대인이었다.

숄롬 알레이헴의 원작은 우크라이나 키예프를 배경으로 하고 있지만, 샤갈의 그림은 벨라루스 비텝스크가 배경이다. 두 장소 모두 과거 러시아 제국의 땅이었고, '슈테틀'이라는 공통점을 갖고 있었다. 슈테틀은 '유대인거주한정지역'에 속한 읍 단위의 촌락을 뜻하는 이디시어다. 당시 유대인들은 법적, 제도적 장치에 묶여 주로 플란드 지역과 우크라이나 남부에 거주가 제한되어 있었다. 여기에는 키예프와 니콜라예프, 세바스토폴과 같은 대도시도 포함되어 있었지만, 직업 제한과 각종 권리에 대한 규제로 실제로는 대도시 안에 거주할 수 없었다. 이런 이유에서 유대 작가와 화가의 작품에는 자그마한 유대인 마을 슈테틀이 묘사되는 것을 자주 만나볼 수 있다. 숄롬 알레이헴 역시 인생의 많은 시기를 키예프 근교의 유대인 거주 마을에서 보냈던 만큼 그의 문학에는 슈테틀의 정취와 러시아 유대인들의 생생한 삶이 녹아 있다. 유대 민족에 대한 정확한 이해와 그들에 대한 계몽과 사랑은 숄롬 알레이헴 작품의 근간을 형성한다.

소수민족 문학은 민족적 색채가 강한 것을 제외하면 문학적 완성도에서는 떨어지거나 보편적 정서와는 거리가 멀게 마련이었다. 다시 말해 다양한 독자들을 대상으로 하기보다는 특정한 사람들을 위한 문학으로 제한되어 있다는 편견을 지우기가 어려웠다. 하지만 숄롬 알레이헴은 민족 문학의 한계를 딛고 보편적 정서에 한층 다가간 동시에 유대적 정서를 맛깔스럽게 살리는 방식으로 두 마리 토끼를 한 번에 잡았다.

숄롬 알레이헴은 우선 자신의 정체성을 명확하게 인식했다. 러시아 땅에 사는 유대 작가로서 그는 역사와 현실을 마주했다. 전통과 문화, 언어와 교육이라는 유대인 코드에 대한 자부심이 그를 사로잡았다. 그는 유대인들에게 새로이 정착한 땅에서 무엇을 지켜나가야 하고 새롭게 추구해야 할 것이 무엇인지를 제시했다. 그런 면에서 숄롬 알레이헴의 문학은 러시아 땅에 거주하는 유대인들만을 겨냥한 것이 아니었다. 유대적 정서를 짙게 반영하면서 유대인이라면 누구나 공감할 수 있는 작품으로 호소력을 높였다. 또한, 독특한 생활 양식을 하고 살아가는 유대인에 대한 편견을 깨는 데 일조하기도 했다. 게다가 국적을 뛰어넘어 전통의 갈림길에 선 구세대의 문제와 신구세대 갈등, 잔잔한 유머와 감동, 향수 등을 불러일으키며 전 세계 독자의 마음을 사로잡았다.

숄롬 알레이혬의 일생은 러시아 유대인들의 역사를 고스란히 반영하고 있다고 해도 과언이 아니다. 그는 키예프에서 멀지 않은 폴타바주의 가난한 유대인 가정에서 출생했다. 그의 가정은 전통적인 교육을 고수하면서도 주변 세계와의 융화를 강조하던 당시 하스칼라 운동을 자연스럽게 받아들였다. 그 덕분에 다른 나라의 유대인들에게서는 찾아볼 수 없는 '러시아·동유럽적'인 특성이 그의 문학에 자연스럽게 반영되어 있다. 그러나 1905년 '포그롬(Pogrom)'으로 숄롬 알레이혬은 키예프를 떠나게 된다. '포그롬'은 근대 러시아에서 살해, 절도, 개인에 대한 폭력 등 유대인에 자행된 폭력행위를 일컫는 단어이다. 1881년에 시작된 1차 포그롬과 알렉산드르 2세 암살 이후 1881~84년에 발생한 제2차 포그롬에 이어 1905년 1차 혁명기에 오데사를 비롯한 러시아 제국 전역에서 제3차 포그롬이 일어났다. 오데사 극장의 유대인 가수와 비유대인 가수를 지지하는 마니아층이 충돌하면서 1905년 10월에 5일간 민족분쟁이 일어났고, 당시 오데사 지역에서만 무려 300명의 희생자가 발생했다.

숄롬 알레이혬은 키예프를 떠나 르보프, 제네바, 런던, 갈리치아와 루

마니아의 여러 도시에 머물다 1906년 10월 말 뉴욕에 도착했다. 그는 스위스, 이탈리아, 오스트리아, 독일, 네덜란드 등을 떠돌며 자신의 작품을 알리고 발표하다 1914년 최종적으로 미국으로 이주했다. 당시 독일에 거주하던 숄롬 알레이헴은 1차 세계대전의 전운 속에 러시아 국민이라는 이유로 쫓겨났고, 이후 뉴욕으로 건너가서 마지막 생을 보냈다.

문체가 유사하다는 점에서 숄롬 알레이헴은 '유대 문학의 마크 트웨인'으로 불린다. 숄롬 알레이헴이 미국으르 망명한 후 실제로 마크 트웨인과의 만남이 이뤄지는 세기적인 사건이 벌어졌다. 숄롬 알레이헴의 별명을 알고 있던 마크 트웨인(1835~1910)은 그 자리에서 자신을 '미국의 숄롬 알레이헴'이라고 소개했다. 두 작가 모두 본명이 아닌 필명으로 널리 알려져 있고 어른과 어린이를 위한 글을 쓰며, 유머 작가이자 자신의 이야기들을 낭독하기 위해 여러 나라를 돌아다닌다는 점에서 공통점을 찾아볼 수 있다. 숄롬 알레이헴은 또한 오데사 스타일의 유머 덕분에 '유대 문학의 체호프'라는 별명을 얻기도 했다. 흥미롭게도 마크 트웨인과의 만남이 이뤄진 지 얼마 지나지 않아 유네스코는 세계의 위대한 유머 작가로 마크 트웨인, 숄롬 알레이헴, 버나드 쇼(1856~1950), 안톤 체호프(1860~1904) 등을 지정했다. 실로 놀라운 우연의 일치라고 하지 않을 수 없다.

숄롬 알레이헴은 러시아 문학에 뚜렷한 족적을 남긴 유대 작가였다. 슈테틀에서의 소박한 삶, 오데사라는 코스모폴리탄적 도시에서의 꿈, 포그롬이라는 인생에서의 쓰라린 아픔은 아이러니하게도 러시아가 그에게 준 선물과도 같은 문학 주제였다. 그러므로 숄롬 알레이헴의 문학은 러시아라는 토양과 러시아만의 고유한 역사가 탄생시킨 걸작이었다. 실제로도 숄롬 알레이헴은 러시아 독자들을 고려하고 있었고, 그들에게 러시아 유대인의 삶을 알리려고 꾸준히 노력했다.

민중의 언어가 문학이 되다

조국을 잃고 전 세계를 떠도는 유대인은 새로운 땅에 정착하면서도 자신들의 문화를 버리지 않기로 유명하다. 유대인이 배척당하고 핍박당한 역사를 열거할 때마다 어디서나 그들의 고유한 문화로 말미암아 토착 민족과 섞이지 않는다는 불만과 갈등이 야기되었다. 그러나 러시아·동유럽 유대인의 경우, 그들의 고유한 문화가 새로운 정착지에서 동화와 이화를 반복하면서 또 하나의 '독특한' 문화를 만들어냈다. 바로 이런 현상의 한 단면을 보여주는 반증이 이디시어다. 이디시어는 러시아·동유럽 유대인의 구어로, 유대인의 이동 과정에서 독일어의 문법적 요소가 히브리어 안으로 들어와서 만들어진 언어였다. 구어에 기반한 만큼 삶을 생생하게 반영하는 특징이 있었다.

'이디시'라는 말은 문자 그대로 히브리(유대)를 뜻하는 것으로, 히브리어, 아람어와 더불어 유대인이 사용하는 3대 문어(文語) 중 하나이다. 가장 오래된 이디시어 문헌은 12세기에 나온 것으로 알려졌다. 이디시어는 주로 독일어와 슬라브어가 섞이면서 여러 세기 동안 꾸준히 발전했고, 히브리어와 아람어가 다루지 못하는 장르에서 두드러지게 사용됐다. 이디시어는 특히 18~19세기에 일어난 신비주의 하시디즘 운동에 자극을 받았으며, 후에 사회·교육·정치 운동으로 발전이 촉진됐고 유대인들의 국제혼성어로서 전통적 역할이 더욱 확대됐다. 이디시어는 아시케나지 유대인이라고 하는 유럽의 유대인, 협의의 의미에서는 독일 유대인의 주요 언어였다.

이디시어는 러시아 문학에도 영향을 미쳤다. 구어(口語)의 다양한 어휘와 표현은 문학어가 표현해내지 못하는 틈을 비집고 들어왔다. 유대 작가들은 의도적으로든 비의도적으로든 이디시어를 작품 속으로 끌어들였는데, 이는 현실을 생생하게 드러내고 등장인물들의 성격에 활력을 불어넣는 데 일조했다. 이디시문학의 가능성을 펼쳐 보인 사람도 바로 숄롬 알레이헴이었다.

19세기 중엽 러시아 제국에서 유대 문화는 히브리어와 이디시어, 러시아어의 발전에 영향을 미쳤다. 히브리어, 이디시어, 러시아어로 된 유대 풍의 잡지들은 러시아 유대 문학 형성에 중요한 역할을 담당했을 뿐 아니라 새로운 문화적 결합 현상에 일조했다. 당시 유대인 지식인층은 이 세 언어를 동시에 구사할 수 있었으며, 작가 중 다수가 두 언어 혹은 세 언어로 글을 쓰곤 했다. 숄롬 알레이헴도 문단에 데뷔할 당시 러시아어, 히브리어, 이디시어로 글을 발표했다. 그러던 그가 1883년부터는 주로 이디시어로 작품을 썼으며, 몇 개의 단편과 출판물만 예외적으로 히브리어와 러시아어로 쓰기 시작했다. 그의 이런 행보에는 남다른 의도가 숨어 있었다. 평범한 대중을 계몽하고자 했던 그는 소수만이 아는 히브리어로 글을 쓰는 것을 적절하지 않다고 생각했다.

1880년대만 하더라도 이디시어로 작품을 쓴다는 것은 불가능하게 여겨지던 시절이었다. 당시 이디시어는 교육받지 못한 대중의 거친 언어에 불과했다. 민중어에 지나지 않던 이디시어였지만 당시 문학 시장에 봇물 터지듯 쏟아져 나온 저속한 대중소설의 언어로 사용되면서 문학 영역에서도 가능하다는 것을 타진할 수 있었다. 이디시어는 초기에는 은어적 속성이 강했지만, 20세기 초반에 이르러 이미 전 세계 유대인 천백만 명이 사용하는 언어가 되어 있었다. 당시 유대 사회에서 활동하던 작가들은 이디시어밖에 모르는 민중을 계몽하기 위해서라면 은어라고 해도 상관이 없었다. 민중 계몽을 우선으로 하는 목적에 따르자면 작품의 문학적 가치는 전혀 중요하지 않았다.

숄롬 알레이헴을 비롯하여 이런 생각에 찬동하는 유대 작가들은 이디시어로 된 작품 출판을 감행했다. 숄롬 알레이헴의 선택은 결국 옳았다고 볼 수 있다. 적어도 그가 대상으로 삼았던 유대인 독자 다수가 덕분에 그의 문학을 접할 수 있었고, 또 열렬히 환호했기 때문이다. 당시 유대 지식층은 이디시어를 구어로도 취급하지 않았다. 숄롬 알레이헴이 초기 히브리어와 러시아어로 글을 쓴 것도 바로 이런 이유에서였다. 그러나 얼마 가지 않아 폭넓은 유대인 독자층에 다가가기 위해서는 오직 이디시어로 글을 써야 한다는 것을 깨달았다. 민중과의 직접적인 소통을 의미한다는 점에서 속어 문학의 중요성을 잘 알고 있던 것이다. 그가 히브리어와 러시아어로 글쓰기를 포기하고 오직 이디시어로만 글을 쓰겠다는 의도는 이처럼 민중을 향한 강한 애정이 앞섰기 때문이었다. 숄롬 알레이헴은 평소 독자들과의 대면을 즐겨했고 강연장에서 자신이 쓴 단편을 자주 읽어주곤 했다. 그만큼 소통의 문학 차원에서 시대를 앞서간 인물이었다.

숄롬 알레이헴은 1891년부터 약 1년간 오데사에 머물면서 출판 활동을 이어갔다. 이 시기 그는 저널과 문예집 발간에 힘쓰면서 유대인 계몽에 앞장섰다. 당시 오데사 인구의 34.5%가 이디시어를 사용하는 유대인이었다. 1890년까지 키예프에 머물던 숄롬 알레이헴은 사업에 크게 실패하자 채권자들을 피해 오데사와 파리, 오스트리아의 빈을 방문한다. 이어 오데사를 방문하고 유대 작가로 상당한 명성을 누리던 멘델레 모이헤르 스포림(1836~1917)의 환대를 받았다.

당시 오데사는 유대인 지식층의 중심지였고, 이디시어로 문학 활동을 펼치는 온갖 사람이 모여든 곳이었다. 스포림과 숄롬 알레이헴은 이디시어로 문학의 혁명을 이루어냈다. 숄롬 알레이헴은 이디시어를 아름답게 표현해냈고, 그 결과 세계 문학의 일부분이 된 유대 문학의 고전 작가가 될 수 있었다. 누구도 예상치 못한 문학적 성과를 일궈낸 것이다. 나라를 잃은 유대인에게 있어 민족문학의 개념은 불가능한 것이었다. 그러나 숄롬 알레이헴의 노력으로 유대 문학은 세계 문학 속에 당당히 어깨를 나란히 하게 되었다. 20세기 초 숄롬 알레이헴은 이미 이디시어로 된 시와 산문으로 작가적 명성을 얻었고, 전 세계 언어로 작품이 번역되면서 국제적 명성을 떨쳤다.

제1차 세계대전 당시 소비에트 검열은 이디시어나 히브리어로 된 출판을 모두 금지했다. 그로 인해 한동안 유대 출판물은 위기에 봉착했다. 1920년대에 들어와서 다시금 이디시문학이 활기를 띠기 시작하면서 1926년에는 숄롬 알레이헴의 작품을 러시아어로 번역하는 작업이 활발하게 이뤄졌다. 숄롬 알레이헴의 번역 작업은 다른 유대 문학가들에 의해 전략적으로 이어졌고, 1960년대 중반에는 소련 시절 나온 작품들이 무려 20개 언어로 500편 이상이 출판됐다. 이 중에는 러시아어 번역도 있었다.

숄롬 알레이헴은 평소 이디시어 교육의 중요성을 강조했고, 이런 취지를 실현할 방편으로써 이디시문학의 위상을 높이고자 했다. 아이러니하게도 이런 작업과 동시에 그는 러시아어로 자신의 작품을 꾸준히 번역하는 활동을 병행했다. 과거에는 러시아어로 방대한 작품을 썼지만, 이제는 러시아어로 쓰는 창작 활동은 포기한 대신에 러시아 독자들을 위해 자신의 많은 단편을 직접 러시아어로 번역하면서까지 알리고자 했다. 비록 이디시어라는 도구를 사용하고 있지만 숄롬 알레이헴의 문학은 철저하게 러시아·동유럽 유대인을 대상으로 하며, 그들의 삶을 그려냈다는 점에서 가장 러시아적이기도 하다. 20세기 초반까지 러시아 문학에서 유대 문학은 한 갈래로서 존재했으며, 1920년대에는 러시아 문학의 중심으로 자리 잡을 정도였다. 숄롬 알레이헴의 등장은 러시아 유대 문학가들에게 고무적이었다. 이디시어의 풍부함과 표현력, 유머와 서정성은 그가 유대 문학 넘어 전 세계 문학 발전에 이바지한 공로였다. 숄롬 알레이헴은 이처럼 민족문학의 한계를 넘어서 러시아 문학에 다채로움을 부여한 위대한 작가였다.

오데사, 코스모폴리탄 도시

우크라이나 남부 항구 도시 오데사는 세르게이 에이젠시테인(1898~1948) 감독의 영화 「전함 포템킨」을 통해 제법 잘 알려진 도시다. 1905년 전함 포템킨에서 일어났던 반란을 배경으로 한 이 영화는 오데사 계단 장면으로 유명하다. 몽타주 기법이 돋보이는 이 장면은 에이젠시테인 감독을 경외하는 영화감독들에 의해 자주 오마주되곤 했다. 유모차가 위태롭게 계단을 굴러가고 그 안에 누운 아기가 클로즈업되는 영상은 영화를 본 사람이라면 누구나 강렬한 인상을 지울 수 없을 것이다. 러시아 제국의 군대가 도망치는 군중을 뒤따라가며 학살하는 만행이 극대화된 이 계단은 오데사 항구에 실제로 존재하는 곳이다.

오데사는 예카테리나 여제가 흑해 연안에 세운 도시로, 명칭은 호메로스의 장편서사시 『오디세이』에서 유래했다. 오데사는 이질적인 명칭만큼이나 러시아 기존 도시들과는 확연히 구별됐다. 오데사의 초대 시장은 알렉상드르 뒤마(1802~70)의 『삼총사』에도 등장하는 프랑스인 리슐리외로, 그가 재직하는 동안 이곳은 러시아 제국의 주요 항구로 변모했다. 항구 도시 특성상 이곳에서는 다양한 민족이 왕래하며 자유롭게 교역할 수 있었다. 이민자들의 낙원으로 주목받으면서 오데사로 유대인들이 대거 이주해 들어왔다.

20세기 초에 이르러 오데사는 이미 모스크바, 페테르부르크, 바르샤바에 이어 러시아 제국의 가장 큰 도시 중 하나가 되었다. 당시 러시아인의 삶은 무게중심이 남쪽으로 이동하고 있었다. 러시아 유대인의 거점이었던 오데사는 강력한 지지 기반을 토대로 그 역할을 담당했다. 폴란드 분할의 결과로 러시아 영토에 다양한 인종이 유입됐지만, 유독 유대인 수만 기하급수적으로 늘어났다. 그러자 이를 경계한 나머지 유대인들에게 한정된 지역에만 거주하게 함으로써 이들이 러시아의 중심사회로 들어오는 것을 제한했다. 심지어는 직업과 각종 권리를 규정하기까지 할 정도였다. 이처럼 러시아 내 이동이 자유롭지 않았던 탓에 남서 지역은 많은 유대인으로 북적였다.

페일의 수도였던 오데사는 유대인들이 가장 자유롭게 활동할 수 있던 곳이자 서유럽인들과의 교류가 가능한 코스모폴리탄 도시였다. 오데사는 각국에서 오는 유대인 비율을 10% 이하로 제한하는 대신 출신 국가의 숫자는 제한하지 않았다. 그 결과 이곳에 상대적으로 더 많은 유대인이 정착할 수 있었다. 오데사는 유대인에게 그야말로 약속의 땅이었으며, 러시아 제국의 다른 도시들과 달리 자유의 공기가 살아 숨 쉬는 곳이었다. 자유로운 분위기 속에 개방적 문화가 조성됐고, 다민족으로 구성된 다언어 사회가 형성됐다. 그렇다 보니 오데사에는 다른 도시와 달리 이국적 문화와 독특한 문학 풍토가 형성됐다. 오데사 문학에는 유대 문학과 동부 지중해 연안의 레반트 문학, 그리스 문학, 서유럽 문학 등의 이국적 색채가 드러나고, 다른 언어들이 러시아어로 섞여 들어오는 과정에서 파생된 영향도 나타났다. 19세기 후반부터 20세기 초반 오데사는 러시아 문화가 풍성해지는 데 크게 이바지했다. 당대 최고 문학가들에게도 오데사는 특별한 장소였다. 체호프와 이반 부닌(1870~1953)이 문학적 영감을 얻기 위해 다녀가고, 1920년대에는 이삭 바벨(1894~1940), 유리 올레샤(1899~1960), 발렌틴 카타예프(1897~1986) 등이 오데사를 중심으로 활발히 활동했다.

오데사는 문학어의 형성에도 중요한 역할을 담당했다. 오데사 유대인들은 이디시어보다는 러시아어에 익숙해 있었다. 그렇다고 하더라도 모스크바나 페테르부르크에서 사용하는 언어와는 차이가 있었다. 단순한 지역 방언이라기보다는 이곳에 모인 사람들의 특성을 반영한 개성 있는 언어의 창조였으며 이것이 러시아어에 미친 영향이 크다는 점에서 특별했다. 오데사는 파리지앵보다도 더 파리지앵 같아서, 남녀를 부르는 호칭으로 무슈(Monsieur), 마담(Madame)을 선호했다. 러시아에서는 전통적으로 이름과 부칭을 사용하여 상대를 부르지만, 오데사 사람들은 상대에게 제삼자를 지칭하는 화법을 사용했다. 오데사 사람들의 평범한 일상어에는 러시아어에서 볼 수 없는 현상들이 자주 나타났다. 오데사로 몰려든 사람들은 예전에 자신들이 거주했던 나라의 언어 표현과 습관을 그대로 가져와 이것을 자신들이 쓰는 러시아어에 반영했다.

유대인뿐 아니라 몰다비아인, 불가리아인, 알바니아인, 폴란드인, 이탈리아인, 그리스인, 오스트리아인, 영국인, 네덜란드인을 비롯한 각지의 유럽인과 러시아인, 심지어 아시아인까지 몰려왔던 만큼 오데사 언어에는 타언어의 흔적이 확연히 드러났다. 이처럼 오데사 언어는 이질적이지만 철저하게 러시아어로 통합됐다. 오데사 언어에 가장 많은 영향을 끼친 것은 유대인이었다. 아시케나지 유대인의 언어에는 독일어 문법의 흔적이 드러났다. 일례로 러시아어에는 없는 조동사를 만들어 동사 앞에 갖다 붙이는 식이었다. 다소 괴상한 러시아어 표현이라고 할 수 있는 이런 특징적 요소들을 오데사 문학에서 자주 엿볼 수 있다.

오데사만의 특별한 분위기는 유대인들을 자석처럼 끌어당겼고, 그 결과 유대 문학뿐 아니라 러시아 문학까지도 비약적 발전을 이룰 수 있었다. 키예프에 살던 숄롬 알레이헴도 '작은 파리'라는 별칭과 함께 단시간에 빠르게 성장한 유대인의 신생 도시 오데사를 보고 싶어 했을 정도였다. 오데사에 대한 유대인의 환상은 그의 소설『메나헴 멘들』(1892~1903)에도 잘 드러난다. 작은 유대 마을에 살던 메나헴 멘들은 대도시인 오데사에 와서 보니 공기로 돈을 만들 수 있을 정도라고 감탄한다. 그에게 오데사는 누구나 마음만 먹으면 쉽게 돈을 벌 수 있고 기회가 넘치는 땅으로 비친다. 바벨의『오데사 이야기』(1931) 역시 몰다반카, 베사라비아와 같은 '유대인거주한정지역'을 무대로 베냐 크릭의 영웅담을 그려내고 있다. 바벨의 작품에서 오데사는 인상 깊은 활력의 공간으로 드러난다.

20세기 초 오데사는 문명의 최전선에서 한 축으로 부상할 만큼 소비에트 문화의 중추적 역할을 담당했다. 짧은 황금기에도 불구하고 소비에트 문학사에서 오데사 문학이 일군 성과는 대단했다. 사실 오데사 문학은 태생적으로 한계를 지닐 수밖에 없었다. 유대 문화를 기반으로 한 오데사 문학은 이질적이다 못해 퇴폐적 부르주아 성향이 강했다. 따라서 소비에트 체제가 강화되는 과정에서 오데사 문학의 쇠퇴는 예고된 결과였다. 아이러니하게도 오데사 문학은 황혼으로 접어드는 시기에 절정에 달했다. 많은 문인과 문화예술계 인사들이 영감을 얻어갈 정도로 문화적 소통의 중심이던 오데사와 오데사 문학은 10년을 채 넘기지 못하고 급속하게 위상을 잃었다. 사회적, 정치적 변화에 대응하지 못했던 탓이었다. 1920~30년대 오데사 작가들은 소련 정부의 요구에 부응하는 글을 쓸 정도로 적극적이었지만, 지배담론에 편승하고자 했던 점이 오데사의 독립성을 빠르게 상실시키는 요인이 되고 말았다. 짧고 굵게 남은 오데사의 전성기였지만, 유대인이 앞장서 이끌며 다양한 문화의 향연을 가능케 했던 당대 시공간의 매력은 진한 여운을 남겼다.

눈물 속 웃음, 위트와 유머가 넘치는 주인공

유대인의 가장 지적인 대화는 유머라는 말이 있다. 하지만 유대인의 삶과 신앙의 중심이 되어온 토라와 탈무드에서 유머를 찾아보기란 힘들다. 오히려 진지하고 엄격한 이들의 삶에서 유머는 이질적으로 보일 정도이다. 유대적 유머는 러시아·동유럽 유대인의 전유물처럼 되어온 것이 사실이다. 소수민족으로 위태롭게 생존해 가는 사회적 상황에서 나온 자연스러운 현상이었다. 선민사상을 갖고 있는 유대인이었지만, 이들은 러시아와 폴란드에서 압박을 받으며 살아왔다. 유머는 유대인의 정신적 열망과 그들의 실제상황에서 나타난 차이점을 줄여주고, 가교역할을 해주는 방식으로 사용된다.

숄롬 알레이헴의『우유 배달부 테비에』와『메나헴 멘들』에는 유대인 특유의 낙천적이고 긍정적인 주인공 형상이 등장한다. 제정 러시아 말기 풍전등화와도 같은 유대인의 삶, 그리고 변화의 시대를 맞아 부모와 자녀 세대가 겪는 갈등을 다룬『우유 배달부 테비에』는 유대 전통에 대한 유대인의 자긍심과 깊은 신앙심을 보여줬다. 숄롬 알레이헴은 참담한 포그롬 속에서도 희망을 잃지 않는 이들을 통해 유대인의 사고와 기질, 풍습을 상세하게 그려냈다. 외압 속에 전통을 유지하는 테비에 가정과 그의 딸들로 대변되는 가치관의 변화는 유대인이라면 누구나 공감하는 것이었다. 갈등과 총체적 난국의 상황에서도 테비에는 특유의 유머로 삶에 대해 낙관한다.

1905년 러시아 제국 말기 키예프 근교의 슈테틀 아나텝카에 사는 우유 배달부 테비에는 가난한 유대인 가정의 가장이다. 딸만 다섯을 둔 테비에는 수다쟁이 아내와 함께 가난하지만, 행복하게 살고 있다. 혼기에 찬 딸을 둔 이 가정에 중매쟁이가 드나들고, 테비에의 친구이자 돈 많은 푸줏간 주인 레이저가 큰딸을 점찍었다고 전한다. 테비에 부부는 큰딸을 좋은 혼처에 시집보낼 수 있을 거라 기대하지만, 그들이 낙점해놓은 것과 달리 정작 큰딸 제이텔은 남자친구인 가난한 재봉사와 결혼하겠다고 고집을 피운다. 테비에는 마지못해 이들의 결혼을 허락하고, 드디어 결혼식이 치러지던 날 난데없이 큰 소동이 일어난다. 러시아 경찰들이 밀

어닥쳐 결혼식을 난장판으로 만들더니 강제이주 명령을 선포한다. 게다가 둘째 딸 호들마저도 급진파 청년인 페르칙과 사랑에 빠져 시베리아로 떠나고, 셋째 딸 하바는 심지어 유대인도 아닌 러시아인과 결혼하겠다고 나서서 테비에를 고심에 빠뜨린다.

테비에에게는 전통을 위반하는 딸들의 결혼과 그것을 수용하는 과정이 쉽지만은 않다. 유대인들은 민족성을 지켜내기 위해 세계 어느 곳에 가더라고 동족끼리의 결혼을 고수해왔다. 이들은 부모가 정해준 남자와 결혼하는 것을 당연시했고, 부모의 신앙과 유대적 관습에 어긋나는 행동을 용납하지 않았다. 유대인의 전통과 신앙은 선조들로부터 물려받은 것이기에 반드시 지켜내야만 미래로 이어질 수 있는 것이다. 테비에 부부에게 삶의 가치와 존재 이유는 전통이 주는 권위와 책임, 영광과 의무에서 오는 것이었다. 대대로 지켜온 전통과 새로운 가치가 충돌하는 가운데 이런 변화 사이에서 산다는 것이 이들 부부에게는 늘 불안하고 위태롭기만 하다. 때마침 러시아의 혼란한 정국은 유대인 마을에서 유대인을 모조리 퇴거하라는 법령을 선포하고, 이 평온한 가정은 어쩔 수 없이 정든 고향을 떠나야만 한다. 게다가 포그롬은 더더욱 이들의 안정된 삶의 터전마저 위협한다. 어쩔 수 없이 미지의 나라 미국을 향해 떠나야만 하는 이들에게 미래는 불확실하고 두렵기만 하다.

『우유 배달부 테비에』는 변화하는 시대에 구시대적 가치를 고집하는 자긍심이 높지만 억압받는 아버지, 억압과 편견 속에서도 긍지를 잃지 않는 유대인 일가의 모습을 따뜻한 시선으로 그려내고 있다. 테비에는 비록 자신이 원하는 사윗감은 아니지만, 딸이 진정으로 사랑하는 사람을 받아들이려고 노력한다. 그러면서도 유대인의 전통을 지켜온 사람으로서 신과 조상이 계속 마음에 걸려 안타까워한다. 대신 러시아인과 결혼하려는 막내딸만큼은 유대인의 신념으로 절대 허락하지 않겠노라고 다짐한다. 이런 테비에의 모습은 깊은 인간적 감동을 자아낸다.

이런 일련의 과정에서 전통과 현대, 이념과 정치, 유대인과 기독교인, 아버지와 딸들이 갈등한다. 더구나 개인적이고 가족적인 고민만으로도 충분히 삶이 고단하고 버거울 터인데, 이들에게는 삶의 터전을 위협하는 더 큰 고민이 발생한다. 고향이나 다름없는 아나텝카를 버리고 낯선 땅을 향해 먼 여정을 떠나야 하기 때문이다. 그러나 숄롬 알레이헴은 유대인 특유의 긍정적 에너지로 이들의 변화가 암울하기만 한 것은 아니라고 묘사한다. 그들의 뒤로는 삶의 애환, 안정과 도전, 전통과 변화의 가치를 조화롭고 아름다운 선율로 엮어내는 바이올린 연주가 이어지고, 이 바이올린 연주는 그들에게 생존과 희망의 상징이 되고 있다. 작품은 비애 대신 희망을 계속해서 노래한다.

현실은 테비에를 비롯한 유대인들에게 고통스럽기만 하나, 아이러니하게도 이들은 이런 현실을 극복할 수 있는 나름의 지혜를 갖고 이겨나간다. 그것은 다름 아닌 유머이다. 테비에가 처한 현실은 돈을 많이 벌지 못해 가족에게 미안하기만 가장이다. 아내에게 때로는 구박받고 자신의 친구인 레이저에게도 미안해서 딸을 시집보내겠다고 약속했다가도 막상 딸이 원하는 사람과 결혼하겠다고 의지를 굽히지 않으면 또 마음이 여려 허락하게 되는 과정이 우스꽝스럽고 안쓰럽기까지 하다. 그러나 그때마다 테비에는 삶에 순응하며 가볍게 이 어려움을 풀어나가고 있다. 극단의 상황에서도 우스꽝스럽지만, 나름 진지하고 해결 방법도 있다. 눈물과 웃음이 교차하는 숄롬 알레이헴의 문체는 '우울한 유머'를 끌어낸다. 심지어 포그롬이 발발하는 상황에서도 유대인들은 자신들의 선조 때부터 방랑해야 했던 광야의 사건을 떠올리고 현실에 순응한다. 심지어 예구페츠 부자들이 쉴 겸 다니러 오던 작은 유대인 마을 보이베릭이 어느 순간 대도시로 바뀌어 있을 거라며 위안을 삼기도 한다.

숄롬 알레이헴은 전 세계 문학에 영향을 끼친 '슐레밀'이라는 인물 유형을 창조해냈다. 세계적으로 커다란 반향을 일으킨 작품이 바로 『메나헴 멘들』이었다. 이 작품은 숄롬 알레이헴의 자전적 소설로, 일견 유머와 재치가 가득한 작품으로 보이나 그 이면에는 제정 러시아 시기 유대인이 처한 현실의 폭로가 드러난다. 『메나헴 멘들』은 새로운 돈벌이에 집착하는 주인공이 끊임없이 실패하는 상황을 그리면서, 이처럼 운수 나쁜 인간이 탄생하게 된 배경을 간접적으로 전한다. 데나헴 멘들은 대도시에서 겪는 자신의 상황을 아내에게 편지로 알린다. 이들의 왕복 서신으로 낯선 곳에서 외지인으로 겪는 충돌과 그를 기다리는 집, 아내의 상황이 대비된다. 숄롬 알레이헴은 제정 러시아 시기 유대인의 삶을 그들의 구어로 생생하게 묘사하며 이들이 겪는 온갖 시련과 고난을 유머러스하게 묘사했다.

슈테틀이 상징하는 유대인의 세계와 그 너머 세계인 대도시 간의 격차로 인해 유대인은 실패할 수밖에 없는 운명에 처해 있다. 이러한 현실에서 고군분투하는 메나헴 멘들은 제정 러시아 시대를 살아가는 유대인의 전형을 상징하고 이 속에서 발생하는 유머는 '어둠 속에서도 빛나는 웃음'과 '눈물과 웃음을 오가는 상황'을 날카롭게 폭로한다. 19세기 자본주의 시대의 도래로 러시아 사회 전반에는 돈의 문제가 중요하게 부상했다. 대도시에 진출한 메나헴 멘들은 자본에 눈을 뜬다. 오데사는 기회의 땅으로 여겨지고, 생각보다 쉽게 투자 기회가 그에게 주어진다. 자본시장과 흐름을 파악하지 못하는 얼뜨기 시골 사람으로서는 무모한 투자일 수밖에 없고, 결국 그는 모든 돈을 잃는다. 그는 어떻게든 이 난관을 극복하고 재정을 회복하기 위해 비싼 카페를 드나들며 필요한 친분을 쌓는 데 동분서주한다. 그러나 국제 정세가 악화하면서 거래소도 붕괴하면서 메나헴 멘들은 전 재산을 잃는다.

도시에서 겪는 메나헴 멘들의 이야기만큼이나 흥미로운 점은 그의 아내 세이네 세인들이 사는 슈테틀의 다채로운 삶이다. 여러 사업을 시도하고 상황을 개선해 보려고 애쓰다 오히려 당하기만 하는 메나헴 멘들의 불안정한 삶은 슈테틀에 정착한 유대인의 모습과 상대적으로 대비된다. 메나헴 멘들의 공간이 현대 자본주의를 상징한다면, 세이네 세인들의 공간은 전통을 보존하며 살아가는 유대인의 과거를 상징한다. 세이네 세인들의 편지는 러시아·동유럽 유대인 특유의 코믹한 아이러니로 채워져 있고 삶의 지혜와 유머를 엿볼 수 있게 한다.

큰돈을 벌기 위해 대도시에서 온갖 일을 시도하나 연신 미숙하고 어리석은 행동을 보이며 번번이 실패하는 메나헴 멘들을 통해 당시 시대적, 사회적 특별함 속에서 탄생한 뜨내기 유형이 조명된다. 메나헴 멘들은 운수 나쁜 인간이란 뜻의 '슐레밀'과 공기처럼 스며드는 절박함을 지닌 '루프트멘슈'가 될 수밖에 없었던 러시아 유대인의 전형이다. 『메나헴 멘들』의 서술 구조는 슈테틀 안팎의 삶의 차이로 인해 벌어지는 상호 간 몰이해를 강조한다. 각기 떠드는 소리와 좌충우돌하는 코믹함 속에서 탄압과 박해, 거주 제한, 경제 활동과 반복되는 실패 등 러시아 유대인이 짊어진 운명의 고리에 대한 논의가 펼쳐진다. 이런 인물 간, 상황 간 간극에서 발생하는 아이러니는 유대적 유머의 세계로 안내한다. 숄롬 알레이헴은 재기발랄한 유머로 서글픈 현실과 태생적 한계로 인한 러시아 유대인의 아픔을 상쇄시킨다.

숄롬 알레이헴의 작품 속에는 유대인의 생생한 삶, 유대인들이 겪은 고난과 슬픔, 그 가운데서 바라보는 희망의 세계가 아름답게 그려져 있어 소망과 긍정의 가치들을 새삼 일깨운다. 그의 작품은 키예프와 오데사에 거주하는 유대인의 삶을 그리면서 역사 속에서 핍박받아 왔던 유대인들의 아픔에 공감하고 또 그들의 유머와 그들의 미래 꿈을 상징적으로 그려낸다. 또 유대인의 삶에서 일어나는 변화와 그 변화에 순응하거나 적응하지 못해 일어나는 작은 마찰이 잘 드러난다. 그의 작품은 19세기 말에서 20세기 초 러시아 남서 지역에 살던 유대인의 삶을 고스란히 대변해 준다. 숄롬 알레이헴은 '인생은 현명한 자에게는 꿈, 바보에게는 게임, 부자에게는 희극, 가난한 자에게는 비극이다'라는 명언을 남긴

바 있다. 유대인 특유의 해학과 유머로 삶의 어려움을 극복해 나가고자 했던 그의 진심이 담겨 있는 문구라고 해도 과언이 아닐 것이다.

오데사 문학과 피카로 형상

바다를 차지하는 것이 전 세계 패권 경쟁에서의 승리 그 자체라고 생각했던 러시아는 오래전부터 지중해로 나갈 수 있는 무역 출구를 찾고 있었다. 흑해 연안에 자리 잡은 오데사는 바로 이런 목적에 부합하는 최적의 장소였다. 18~19세기 러시아는 주요 이민국 중 하나였고, 오데사는 실험 도시적 성격이 짙었다. '북방의 팔미라'라는 별칭을 가진 페테르부르크처럼 오데사 역시 '남방의 팔미라'라고 불렸다. 고대 시리아의 도시 팔미라에서 유래한 이 명칭은 도시의 화려함과 건축술이 아름답고 뛰어난 것을 강조한다. 인간 노력의 성취가 느껴지는 오데사는 제국 말기 수도권에 버금가는 장소로 급부상했다.

일반적으로 무역과 거래가 왕성한 항구는 사람이 많이 몰리면서 밀수와 범죄에 노출되기가 쉽기 마련이다. 바벨의 『오데사 이야기』에는 오데사 항구 주변에서 살아가는 갱단과 밀수업자들의 이야기가 생생하게 그려져 있다. 주인공 베냐 크릭은 실제 오데사에 살고 있던 강도를 모델로 삼아 창조된 형상이지만, 무엇보다도 오데사 문학에서 자주 등장했던 피카로(Picaro) 유형의 완결판이라는 점에서 흥미롭다. 러시아 문학에 피카로 유형이 등장하게 된 데에는 바로 이 오데사라는 창구가 중요한 역할을 담당했다.

레반트적인 특성이 오데사 문학과 접목되는 부분도 흥미롭다. 흔히 서구의 피카레스크 소설로만 알려져 있던 양식이 유럽으로 들어오게 된 데는 근동의 영향이 컸다. 피카레스크 소설에 직접적인 영향을 미치지는 않았지만, 지중해 지역에서는 오히려 협잡꾼을 다룬 레반트 소설이 훨씬 더 많이 알려져 있었다. 오데사의 레반트들은 지중해 문화권의 서구주의자들로, 새로운 주인공 유형이 탄생했음을 알리는 것이었다.

일찍부터 외국 문화의 관문이었던 오데사는 피카레스크 소설 양식을 재빨리 받아들일 수 있는 환경이었고, 특히 이런 장르를 자기 것으로 만들어 발전시킬 수 있는 천혜의 조건을 갖추고 있었다. 오데사인들은 마치 프랑스 마르세유 사람들을 러시아로 옮겨다 놓은 것 같았다. 그들은 생각이 가볍고도 자랑하길 좋아하며 게으름뱅이에다 대단한 거짓말쟁이이며, 또 열정적으로 농담을 즐겨 했다. 오데사 문학이 낳은 가장 위대한 피카로 형상은 일리야 일프(1897~1937)와 예브게니 페트로프(1902~42)가 쓴 『열두 개의 의자』(1927)에 나오는 오스타프 벤데르와 『오데사 이야기』에 나오는 베냐 크릭이다. 소비에트 풍자 문학의 대표작이라고 알려진 『열두 개의 의자』는 17세기부터 시작된 전통적인 유럽 풍자 문학의 계보를 잇고 있다. 벤데르는 러시아 문학에서 그동안 볼 수 없었던 매력적인 사기꾼이라는 점에서 눈길을 끈다.

『열두 개의 의자』는 1920년대 혁명과 내전, 신경제정책(NEP) 도입으로 전체적으로 혼란한 시기에 정치적 사회주의와 물질적 자본주의의 대치 상황, 일반인들의 내면에 과거 러시아에 대한 향수가 자리하고 있는 혼란 상황을 그린다. 이 소설은 일확천금을 노리며 보석이 숨겨져 있다는 의자를 찾으러 떠나는 이야기로 돈키호테식 모험소설의 전형을 따른다. 소비에트 시기 외국인들을 잠재적 스파이로 간주하던 것을 고려해보면, 자신의 아버지가 터키 국적자라고 주장하는 벤데르는 주류 세계에서 벗어나 있는 인물이다. 벤데르의 사고방식과 이것을 표현하는 방법은 전형적인 오데사 사람답다. 사물과 사건, 사실들을 비딱한 시선으로 바라보며, 갖춰진 상황이나 규범, 교리 속에서 삶을 받아들이려고 하지 않는다. 벤데르는 사기꾼 기질이 다분해서 체스 그랜드마스터, 화가, 작가, 기자, 주택국 직원, 소방 감독, 비밀결사 직원, 거지, 매표원 등등 다양한 직업으로의 변신이 가능하다. 하지만 저급한 사기꾼이 아닌 그동안 러시아에서 전혀 볼 수 없었던 활력이 넘치고 긍정적인 사기꾼이라는 점에서 눈길을 끈다. 그는 실패를 두려워하지 않고, 의기소침해하지도 않는다. 그의 매력은 사기행각을 벌이는 대상이 사회적 약자나 선량한 시민이 아닌 부패한 관료와 졸부, 기득권층이라는 점이다. 일프-페트로프는 벤데르에게 삶을 변화시키고자 하는 활기찬 열정과 철학적 우울함을 불어넣었다. 부정적 캐릭터 특유의 거침없는 언행으로 벤데르는 소련 문학의 긍정적 주인공에게는 허락되지 못한 말들을 마음껏 할 수 있었다.

오데사의 또 다른 피카로 형상은 바벨에게서 찾아볼 수 있다. 『오데사 이야기』는 오데사의 몰다반카를 중심으로 살아가는 다양한 인물의 삶을 보여준다. 무엇보다도 모든 등장인물이 활기찬 생명력으로 살아 숨쉰다. 그처럼 오데사 무대는 활력이 넘치는 도시로 그려진다. 갱단과 밀

수업자들로 가득 채워진 바벨의 오데사 공간은 약자를 보호하고 공권력을 심판하며 졸부들을 조롱한다. 이 모든 것의 중심에는 주인공 크릭이 서 있다. 그를 둘러싼 음주, 음식, 취기, 섹스는 강한 육체의 에너지를 그대로 드러낸다. 진부한 문학의 관점에서 보자면 크릭은 부정적 형상이다. 긍정의 반대로써 부정이 아닌 순종적이지 않으며 다루기 힘든 사람이란 면에서 그렇다는 말이다.

바벨은 기존의 수동적인 유대인 묘사에서 벗어나 활기찬 오데사 무대를 배경으로 생명력 넘치는 주인공들을 창조해 냈다. 바벨의 오데사는 비좁은 현실을 뛰어넘는 다채로운 세계를 보여준다. 유대 민족의 영웅 크릭은 새로운 사회질서를 거부하고, 비타협적인 러시아 권력에 대한 심판을 보여줌으로써 내적 갈등을 해소하는 카타르시스를 연출한다. 크릭의 심판은 한편으로는 엽기적이지만, 유대 전통의 확고한 인식과 존중이 그를 영웅시하게 만든다. 소련의 획일적 현실은 유대인들의 풍성한 문화와 생활 양상들을 받아들이기에는 너무도 가혹했다. 그처럼 상반되는 삶의 대치 국면들이 『열두 개의 의자』를 통해 극명한 대조 기법으로, 또 약자들을 보호하는 크릭의 영웅성으로, 공권력에 대한 날이 선 가격으로 드러난다.

유대 형사범들의 삶 속에서 바벨은 갱단과 직공, 소상인들의 관습에 담긴 이국적 특성들과 그들의 강한 개성을 낭만적으로 그려낸다. 흥미로운 점은 반도의적이고 반사회적인 명백한 범죄에도 불구하고 이들의 삶이 상당히 매력적이라는 것이다. 1920년대 현실에서 이처럼 황당무계한

허구적 이야기가 독자들의 마음을 사로잡을 수 있었던 것은 획일적이고 집단적인 분위기에 갇힌 사람들을 활력의 세계로 인도하기 때문이었다. 『열두 개의 의자』는 폭력적이고 무시무시한 상황조차도 그로테스크한 분위기로 웃음을 자아낸다. 모든 것이 장난스럽고 예외적으로 보이면서 오데사 공간과 이곳 갱단 모두를 낭만적으로 느껴지게 만든다.

벤데르는 위대한 책략가로 기발하고 다재다능하며 유쾌하다. 그야말로 인간 그 자체이다. 크릭은 오데사라는 도시가 오랫동안 빛을 발할 수 있게 만든 존재였다. 그도 역시 육체의 힘이 강조되며, 러시아 문학을 통틀어서 가장 매력적인 전사라고 일컬을 만큼 의협심이 강하다. 흔히 유대인 하면 나약하고 병약한 이미지로 점철되어있던 편견에 시원하게 날리는 한 방이다. 오데사 문학에서는 이처럼 각각의 개성을 드러내는 육체만 존재할 뿐, 기존 도시 소설에서 보던 권력을 가진 주요 인사나 그 권력에 의해 희생당하는 소시민적인 인간, 즉 크고 작은 인간이 없다. 절망적인 모습으로 미로 같은 거리를 따라 배회하는 인간은 없다. 이곳에는 인간의 운명을 지배하는 악령이 다스리는 장소가 없다. 오데사는 사람들을 위한 도시이며, 인간적이고 인도적인 공간이다.

인간들이 만든 문화와 고유의 자연이 조화를 이루는 오데사는 20세기 초반 러시아의 독특한 공간이었다. 오데사는 평범한 사람들이 모여 살고 자유와 민주주의가 살아 숨 쉬며, 규정되지 않은 것들로 가득 찬 곳이었다. 그야말로 열광할 수밖에 없는 공간이었다. 바벨은 오데사를 '살기 편하고 명료한 삶을 살 수 있는 도시'라고 정의했다.

오데사 문학은 소비에트 시대로 접어들면서 당연시되고 익숙해진 전형적 주인공들을 거부한 채 자유로운 오데사 분위기를 반영한 인물을 창조했다. 제국의 시대가 끝이 나고 획일의 시대가 시작되자 오데사는 문화적 중심으로 더는 존재할 수 없었다.

러시아 문학의 중심에 선 유대 작가들

아이러니하게도 반유대주의 정서가 지배적이던 스탈린 시기, 소련 문단에서 적극적으로 활동한 작가들 역시 유대인이었다. 오시프 만델시탐(1891~1938), 보리스 파스테르나크(1890~1960), 일리야 에렌부르크(1897~1967), 바실리 그로스만(1905~1964) 등은 소련 문단의 대표적인 작가들로서 당대 유대인의 삶을 대변하는 노선을 취했다. 유대인이라는 뿌리는 이 네 작가의 삶에 자양분을 공급하면서도 각기 다른 모습의 열매를 맺게 했다. 각기 다른 행보를 보였지만, 이들에게는 유대 개성에 대한 존중과 러시아 문화에 대한 자부심, 소련의 새로운 삶에 적응하려는 부단한 노력 등이 공통으로 존재했다. 이들의 작품에는 문체의 다양성, 장르의 혼합, 예술적 실험과 더불어 정형화된 문학에 얽매이지 않으려는 시도가 돋보였다. 이들의 등장은 러시아 모더니즘의 시작을 알렸고 다양한 예술의 가능성을 타진했다. 러시아 문학에 독특한 색채를 입히는 실험은 대성공을 거뒀다. 이들의 문학이 구현한 예술적 관용은 러시아 문학의 스펙트럼을 한층 더 넓혔다.

유대 작가들은 간혹 유대교와 민족적 특성을 버린 채 예상치 못한 행보를 보였다. 러시아 제국 시절부터 유대인에게는 거주 제한뿐 아니라 상급학교에 진학할 때 입학 쿼터제가 적용되었다. 최소의 입학비율이 정해져 있었고, 이를 통과하지 못할 시에는 다른 방법을 모색해야만 했다. 1911년 만델시탐은 수도권의 대학에 진학하고자 유대교를 버리고 개신교로 전향했다. 에렌부르크 역시 같은 해 베네딕트 수도회에 입문했다. 파스테르나크는 유대 민족과 유대주의를 거부했을 뿐 아니라 유대주의에 대해서도 전혀 몰랐으며 유대교의 세례조차 받은 적이 없었다. 그는 러시아 유대인의 기회주의적 성향을 누구보다 잘 이해했고, 동화에 대해서도 적극 찬성했다. 만델시탐과 파스테르나크, 이오시프 브로드스키(1940~96)는 전향적 자세를 지닌 작가들이었으며 전통적인 신앙이었던 유대교 대신 러시아 정교에 속해 있었다. 그렇다보니 이들의 작품에는 유대교에서는 찾아볼 수 없는 예수의 이미지, 십자가 등과 같은 기독교의 복음과 정교의 정신이 풍부히 드러난다.

에렌부르크는 보다 정치적인 인물이었다. 당시 소련의 비주류 민족, 즉 소수민족들은 소련 정부에 대한 충성심을 드러내고자 자발적으로 전쟁에 뛰어들었다. 이들은 조국 수호 의지를 보여줌으로써 자신들도 소련 사회의 일원임을 강조하고자 했다. 유대인들 역시 이러한 움직임에 적극적으로 동참했고, 특히 에렌부르크는 전쟁을 지지하는 이념을 만드는 주도적 역할을 담당했다. 그는 소련 전역을 돌며 전쟁을 조장하는 인종적 동기를 자극했다. 스페인 내전 당시에는 종군기자로도 활동했다. 6개의 국제군 연대가 스페인의 공화국군과 연합하여 싸웠을 당시, 국제군 가운데에는 유대인 자원자 6천 명도 포함되어 있었다. 제2차 세계대전이 한창일 무렵 독일군이 공격해오자 에렌부르크는 파시즘에 반대하며 "독일군을 죽여라!"라는 구호를 강렬하게 외쳤다. 당시 그는 「프라우다」, 「이즈베스티야」, 「크라스나야 즈베즈다」 등 모든 주요 신문사와 국영 라디오까지 장악할 정도로 위세를 떨치고 있었다.

소련 정부에 대한 충성심이 남달랐던 만큼 에렌부르크는 동족인 유대인들이 정부에 비우호적일 때에는 가차 없이 맹비난했다. 그러나 소련의 정치선동가로서 유명했던 그의 행적에는 도저히 이해되지 않는 부분이 존재한다. 유대인으로서의 민족적 자긍심을 주장한다든지 유대인의 참혹한 상황을 국제사회에 알리는 데 적극적이었기 때문이다. 소련 정부의 대변인이면서 동시에 그 이념에 부합하지 않는 행동을 하거나 소련에 위해가 될 수 있는 출판을 감행하기도 했다. 파스테르나크가 유대인들에게 동화되어야 한다고 호소했을 때, 에렌부르크는 파스테르나크의 이런 행보를 유대적 뿌리에 대한 배신으로 간주했다. 특히 그로스만과 함께 편찬한 『흑서(黑書)』(1946)는 그동안 그가 보여준 정치적 행보를 뒤엎는 것이었다. 『흑서』는 홀로코스트 증언과 자료 모음집으로, 처음에는 뉴욕에서, 그 이후에는 소련을 제외한 여러 나라에서 발간되어 전 세계인의 이목을 끌었다. 이는 그가 유대인들의 피해와 인권에 관심이 깊었다는 것을 증명했다.

그러나 얼마 지나지 않아 에렌부르크는 또 다시 이를 반박하는 입장으로 선회한다. 유대인의 참상에 대해 경각심을 일깨웠던 그가 새로운 유대 국가의 탄생을 인정하지 않는 이중적 태도를 취한 것이다. 1948년 이스라엘이 건국을 선포하자 소련에 거주하고 있던 많은 유대인이 자신들의 본향으로 떠나려는 움직임을 보이기 시작했다. 소위 시온주의라고 하는 고대 유대국가가 있던 팔레스타인에 유대인 국가를 세우고자 하는 민족주의 운동이 성공을 거둔 것이었다. 소련 정부는 유대인들의 근동 문제 개입과 이스라엘 이주를 우려해 에렌부르크를 적극적으로 활용하는 자구책을 내놓는다. 그는 소련이야말로 반유대주의가 사라진 세계 유일의 국가라고 강조했다. 소련 내 유대인들에게 가장 이상적인 국가는 소련이므로 신생국가인 이스라엘에 관심을 더는 두지 말라고 경고했다. 에렌부르크는 영원한 카멜레온 같은 사람으로 전형적인 '주머니 유대인'이었다.

소설 『해빙』(1954)은 에렌부르크가 시대를 빠르게 읽어내는 탁월한 능력의 소유자임을 방증한다. 스탈린 사망 직후 발표된 이 작품은 아주 사실적인 방법으로 소련 현실을 다루고 있어 시대의 변화에 부응하는 그의 재빠른 행보를 볼 수 있게 한다. 이후에 발표된 『사람들, 세월, 인생』(1960~64)은 기존에 금기시되던 서유럽의 예술과 주제를 다루고 1930년대 숙청된 작가들을 다루는 과감함까지 드러냈다. 새로운 시대를 감지하고 앞서갔던 에렌부르크의 행적은 흐루쇼프의 해빙기가 끝나고 또다시 경색되는 사회 분위기 속에 공격과 비난을 받는다. 비록 인생의 부침이 심했지만, 생애 마지막까지 소련 문단을 대표하는 작가로 굳건했다는 사실은 에렌부르크를 가장 유대인다운 유대인이라 칭하기에 충분하다.

그로스만 역시 종군기자로 전쟁에 참여하여 소련 시민으로서의 역할에 충실했다. 그는 스탈린그라드 탈환을 위해 도시 안에 머물며 시가전을 처음부터 끝까지 겪었다. 또한 스탈린그라드 전투뿐 아니라 최전방 전투에 참전한 공로로 '붉은 깃발 훈장'을 받고 대령 지위를 얻었다. 그와 같은 전적은 그가 소련인으로 살아가려는 노력이 대단했음을 방증한다. 참전 당시만 해도 소련 시민으로서의 의식이 강했던 그였지만, 이후 작품을 통해서 유대인들에 대한 특별한 관심을 드러내며 반소비에트적 인물의 상징이 되었다.

그로스만에게 유대인 주제는 그다지 중요하지 않았다. 그의 주제는 좀 더 크고 일반적인 개념으로서의 '위대한 러시아인'이었다. 그는 태생이 유대인이었더라도 스스로가 러시아 작가라고 인식했다. 그는 유대인의 운명에 관심을 기울인 러시아 작가이지, '러시아 유대인 작가'가 아니라고 주장했다. 이는 그로스만으로부터 시작된 전후(戰後) 세대 소련의 유대 작가들이 갖고 있던 특성이었다. 그의 작품들이 전형적인 사회주의 리얼리즘 양식을 따르고 있다는 점도 흥미롭다. 그의 『삶과 운명』(1959년 창작, 1980년 출판)은 사회주의 리얼리즘의 파노라마 장면, 다양한 지역에서 살고 죽는 수많은 등장인물을 중심으로 서사가 진행된다. 그 속에서 작가, 그리고 그와 친밀한 전달자들의 지배적 목소리로 모든 등장인물의 운명이 설명되는 이념적 구성을 보여준다. 자유에 관한 이야기를 다루고 있지만, 사회주의 리얼리즘의 형식을 따르고 있다는 점에서 『삶과 운명』은 당과 국가가 요구하는 소련의 '공식 문학'의 전형을 보여준다.

소련 시대 유대인들은 극단적 민족주의자로, 인터내셔널이나 코스모폴리탄으로, '주머니 유대인'으로 각기 다른 삶을 살아갔다. 작가들도 소련 체제에 순응하거나 완전히 반대 노선에 서서 강하게 비판하던 부류로 나뉘었다. 하지만 이들 모두는 소련 제국의 일원으로서 살아가기를 원했고, 제국이 더 좋은 방향으로 나아가기를 기대하며 희망의 끈을 놓지 않았다. 이런 기대의 기저에는 19세기 말부터 20세기 초까지 러시아 문학과 문화를 이끌었던 '유대 르네상스'에 대한 향수가 깔려 있다. 그들은 다양한 문화를 수용하던 제정 러시아를 기억하고 있었으며, 소련에서도 그런 시대가 반드시 도래하리라고 믿고 있었다. 이것은 그들의 기억 속에 각인된 유대 르네상스와 과거 러시아 문화의 영광이 새롭게 부활할 가능성, 즉 그들의 창작을 통해 재탄생할 가능성을 의미하는 것이었다.

만델시탐은 바르샤바에서 출생했지만, 페테르부르크에서 성장했다. 그에게 러시아 제국의 수도 페테르부르크는 진정한 의미에서의 고향이었다. 그의 창작에는 이상향에 대한 동경이 두드러진다. 그런 공간들은 문화적 우월성을 지녔으나 역사 속에서 아스라이 사라져간 고대 도시들로 대변된다. 이는 유대인의 잃어버린 조국, 그리고 러시아 유대인들이 잃어버린 삶의 터전이자 문화적 공감대였던 유대 르네상스 공간을 의미했다. 지난 역사 속에서 잃어버린 공간이 만델시탐의 문학에서 이국적 공간으로 추상화된 것이다. 그는 문화적 부활의 가능성을 자신이 살고 사랑했던 페테르부르크에서 찾아내려 했다. 『페트로폴』(1916)에서 그는 그리스·로마의 도시 페트로폴리스와 러시아의 페트로폴을 연결하고 과거와 현재를 잇는 두 도시 공간의 합일로 문화의 영원성을 언급한다.

만델시탐이 소련 체제에서 분리되고자 했던 반면, 파스테르나크는 합일을 꿈꾸던 유대인이었다. 파스테르나크에게서는 동화된 유대인의 특징이 두드러졌다. 그는 1910년대 미래주의 문학 그룹의 일원으로 데뷔하면서 '내일의 시인'이라는 찬사와 더불어 문단의 주목을 받았다. 1930년대 초·중반까지 왕성한 작업을 펼치며 매년 시집을 발간했다. 1934년에는 니콜라이 부하린(1888~1938)이 연설 도중 파스테르나크를 일컬어 '소비에트 최고의 시인'이라는 칭찬할 정도였다. 그러나 제2차 세계대전 시기 '혁명에 대한 이해가 부족한 작가'라는 비난을 받으며 스탈린 사후 때까지 침묵을 강요당했다. 거의 10년에 이르는 기간 동안 파스테르나크는 역량을 펼칠 수 없었다. 심지어 노벨문학상 수상 작가로 지목됐지만, 정치적 압력에 의해 수상을 거부할 수밖에 없었다.

파스테르나크는 최악의 상태에 놓여 있으면서도 해외로 망명을 시도하지 않았다. 그는 계속해서 소련 작가로 남고자 했다. 그것은 러시아 문화에 대한 자부심과 러시아라는 풍요로운 문화 공간을 버릴 수가 없었기 때문이었다. 파스테르나크의 진심은 자전적 소설인『닥터 지바고』(1957)에서 엿볼 수 있다. 이 소설은 삶에 대한 감격으로 가득 차 있다. 소설 속에서 사랑은 활기찬 에너지의 고매한 형태이며, 죽음조차도 시적 영감의 원천이 된다. 지바고는 역사의 소용돌이 속에 삶과 사랑을 희생당해야만 했다. 그는 모든 것을 상실해가는 가운데서 문학과 예술에 대한 열정과 그 열정을 일깨우는 시적 영감의 원천인 라라가 있었기에 삶을 살아갈 수 있었다. 지바고가 사랑했던 러시아, 다시 말해 시와 시인을 사랑하는 나라, 예술의 가능성이 실현되는 곳이야말로 파스테르나크에게는 진정한 의미에서의 조국일 수밖에 없었다. 그에게는 '유대인'이라는 민족정체성보다는 문화정체성의 조국이 더 절실했다.

부르주아 지식인인 지바고는 혁명의 소용돌이 속에 사랑하는 두 여인 사이에서, 그리고 바리키노와 유랴틴 두 공간 사이에서 길을 잃고 만다. 러시아는 자연의 기적인 동시에 모순과 이중성으로 가득 찬 공간이다. 지바고는 러시아를 사랑하지만, 그 사랑이 내면에서 끝없는 고통을 불러일으킨다. 『닥터 지바고』에는 러시아를 향한 파스테르나크의 진정한 사랑으로 가득 차 있는 동시에 유대 민족에 관한 언급이 지배적이다. 다만 이 부분에서 특이한 점은 정통파 유대인의 정서와 거리가 있다는 것이다. 유대교에서는 모세 5경인 '토라'를 정신의 뿌리로 삼고 그대로 따르며, 기독교와 달리 예수를 메시아로 인정하지 않는다. 파스테르나크에게는 러시아 및 동유럽 유대인들의 특징 중 하나인 세속화, 즉 유대 전통에 따르지 않고 자신들이 속한 땅에 토착화되는 특성이 나타난다.

러시아·동유럽 유대인들은 자신들의 삶에 고통받는 그리스도의 이미지를 투영시킨다. 기독교에서의 예수가 아닌 유대인이었던 예수의 신분, 그리고 그가 비유대인들에 의해 고통받는 것에 주목하며 그와 자신들의 삶을 결부시킨다. 이처럼 유대 작가들의 예술에는 모순된 사고들, 즉 유대적 정서가 아니면서 동시에 유대적으로 해석하고자 하는 아이러니들이 발생한다. 이는 이율배반적이지만 한편으로 이들의 정체성을 이해하는 작은 단서이다. 지바고의 시에는 예수의 탄생과 공생애, 고난과 부활, 사도행전 등 유대교에서 인정하지 않는 기독교적 표상들로 가득하고, 지바고가 겪는 고통은 예수의 고난과 중첩되는 것을 볼 수 있다. 이런 동일시는 러시아 유대인들의 특징을 선명하게 보여준다. 만델시탐과 파스테르나크에게서 정통 기독교와 달리 인간중심주의가 강한 하시디즘과 탈무드에 대한 신봉, 이를 위한 특별한 언어 선택이 두드러진다. 만델시탐의 시에 등장하는 로마, 다시 말해 이국적이고 낭만적인 장소에 대한 갈망은 유대인들의 이상향, 즉 약속의 땅을 상징한다.

그로스만은 전통적인 유대식 가정교육을 받진 않았지만, 누구보다도 유대인의 운명에 대해 깊이 고민했던 작가였다. 그는 유대인과 소련, 나치 사이의 이야기들에 깊은 관심을 두고 있었다. 그로스만은 저널리스트로 활동하면서 소련군이 해방시킨 마이다네크와 트레블린카 수용소에 최초로 발을 내딛는다. 1944년 말 그는 트레블린카에서 받은 인상을 기록한 『트레블린카의 지옥』을 씀으로써 소련 내 홀로코스트 문제를 환기하는 계기를 마련한다. 이후 에렌부르크와 함께 『흑서』를 통해 본격적으로 유대인 대학살 문제를 대외적으로 알리고자 했다. 『흑서』의 서문에서 그로스만은 심판과 보복의 날이 도래했음을 알리고, 이런 반인류적 만행을 자행한 이들에 대한 강력한 규탄과 함께 보복이 불가피함을 상기시켰다. 20세기의 『전쟁과 평화』라고 평가받는 『삶과 운명』은 제2차 세계대전을 겪으면서 많은 등장인물의 운명이 서로 복잡하게 얽히고 작가의 운명이 비극적으로 변화한다는 점에서 파스테르나크의『닥터 지바고』의 슈제트와 유사하다. 그로스만에게서도 가장 중요한 가치는 삶이다.

소련 유대인들은 자신들의 정체성을 정의할 수 있는 결속감이 필요했다. 유대인들은 오랜 세월 동안 국가 없이 떠돌면서 유대교로 그들의 정체성을 확인해왔다. 강한 결속력의 종교 공동체로서 살아왔던 그들이었지만, 러시아에서 그것은 기독교와 결합하면서, 또 러시아 문화에 대한 동경과 애정으로 희석되면서 '러시아 유대인'으로서의 자긍심을 갖게 되었다. 그들은 민족적 뿌리에 대한 인식과 더불어 문화 대국 러시아에 거주하는 시민으로서의 자부심을 갖고 있었다. 그런 만큼 그들은 러시아의 새로운 출발과 도약을 의미하는 소련에 남고 싶어 했다. 시간이 흐를수록 소련은 그들의 기대와는 다른 방향으로 달려가고 있었지만, 그들은 정신적 터전과 문화적 뿌리를 거부하고 떠날 수 없었다.

소련 시대를 살았던 유대 작가들은 러시아적 삶과 소비에트적 삶, 유대적 정체성과 러시아적 정체성, 소비에트적 정체성 사이에서 표류할 수밖에 없었다. 역사와 삶이라는 거대한 수레바퀴 앞에서 그들은 늘 고민해야 했으며, 삶에 대한 강한 열망만이 그들을 각자의 삶으로 이끌었다. 그들은 제국 시기에 갖고 있던 러시아 유대인으로서의 자존감이 소비에트 유대인으로서도 이어지길 희망했다. 그런 가능성에 대해 확신했던 이들은 소련 사회와 체제 안으로 들어가려 노력했고, 그 안에서 자신의 문학관을 실현하고자 했다. 반면 러시아 유대인으로서의 삶이 존속될 수 없음을 안 작가들은 어디에도 속할 수 없는 경계적 인물로서 자신을 인식하고 표현하고자 했다. 서로 어긋나는 행보 속에서도 그들 모두 늘 경계라는 동일선상에 놓여 있었다.

이들은 모두 정통적 의미에서의 유대인도, 명확한 의미에서의 소련인도 아니었으며, 어떤 단어로도 정신세계를 규정할 수 없는 소비에트 '러시아 유대인'이었다. '조국'을 잃고 문화적 뿌리마저 상실한 채 어디에도 속할 수 없던 그들은 역사와 환경이 만들어낸 다중 정체성의 소유자들이었다. 소련의 유대 작가들은 사회적, 정치적, 문화적 정체성의 혼합과 혼란 속에서, 그리고 소련인, 러시아 유대인, 민족적 개념의 유대인이라는 다중 정체성 속에서 고뇌하면서 '내면적 자아'를 포착하려는 노력을 기울였고, 이런 노력이 예술적으로 승화되면서 독특한 문학 세계를 구축할 수 있었다.

참고문헌

이은경. “탈민족 담론으로 본 유대적 정체성: 이삭 바벨의 문학세계를 중심으로.” 『역사와 문화』. 23권 (2012).

______. “이삭 바벨의 『오데사 이야기』: 결혼과 장례문화로 본 유대 카니발의 세계.” 『슬라브학보』. 27권 3호 (2012).

______.“러시아 유대인 화가 마르크 샤갈의 회화 세계.” 『문자, 이미지, 해석』. 한국외국어대학교 출판부 (2013).

______.“소비에트의 유대인 작가들: 경계인으로서의 다중 정체성과 그 예술적 실현.” 『슬라브연구』. 31권 1호 (2015).

______.“러시아 제국의 이단아 남서문학: 오데사 문학에 나타난 유대인, 피카로(picaro), 언어를 중심으로.” 『비교문화연구』. 38권 (2015).

______.“러시아 유대 문학과 숄롬 알레이헴.” 『노어노문학』. 28권 4호 (2016).

______.“마르크 샤갈의 중·후기 작품에 나타난 이율배반성.” 『슬라브연구』. 32권 4호 (2016).

______.“숄롬 알레이헴의 『메나헴 멘들』: 러시아 유대인의 초상(肖像).” 『노어노문학』. 33권 1호 (2021).

제3장

모방에서 변용으로

마리우스 프티파와 러시아 고전 발레

박선영

3

프티파의 발레는 또 하나의 유럽을 향한 창이다.

바딤 가옙스키, 『프티파의 집』

러시아 발레 350년

문화예술 강국으로 불리는 러시아에서 발레는 각별한 자부심과 애정의 대상이다. 그런데 러시아 발레사를 들여다보면 수많은 외국인 이름이 끊임없이 나열되고 있어 유독 눈길을 끌기도 한다. 그런 무수한 이름 가운데 러시아 발레사, 더 나아가 세계 발레사 전체에서 단연 돋보이는 이름은 마리우스 프티파(1818~1910)이다.[1] 그리고 이 이름 옆에 자연스럽

1 1847년 러시아에 온 프랑스인 프티파(Petipa)는 1894년이 되어서야 러시아 국적을 얻었다. 따라서 그의 생애 대부분은 프랑스인으로 살았던 셈이다. 국립국어원 외래어 표기법 규정에 따르면 그는 국적상 러시아인이므로 '페티파'로 표기하는 것이 옳지만, 여기서는 프랑스인으로 살았던 시

게 따라붙는 이름이 있었으니, 다름 아닌 표트르 차이콥스키(1840~93)이다. 프티파와 차이콥스키, 이 두 사람의 존재는 러시아 발레가 지나온 궤적을 상징적으로 보여준다고 할 수 있다. 말하자면, 서구에서 유입된 발레의 러시아 내 발전 양상은 프랑스인 프티파와 러시아인 차이콥스키의 결합 속에 선명히 각인되어 있다. 그리고 오늘날 러시아 발레의 위상은 바로 이 결합 덕분에 확립됐다고 해도 과언이 아니다.

지극히 당연하게도 문화란 다양한 국가의 경계를 넘나들며 모방과 변용을 거쳐 상호 발전을 이뤄가는 메커니즘에서 형성된다. 서구와 비교하여 모든 것이 늦됐던 러시아가 이 늦됨을 자각했을 때 할 수 있었던 최선의 노력은 서구 문명을 받아들여 온전히 자신의 것으로 만드는 데 매진하는 것이었다. 잘 알려졌듯이 표트르 대제(1672~1725)는 이 임무를 가장 열정적이고도 성실하게 수행해 낸 인물이었다. 표트르 대제의 서구화 정책 기조는 러시아의 사회·문화 의식 구조 자체를 근본적으로 개조하려는 것이었고, 오늘날 예술의 영역으로 분류되는 발레도 당시에는 이러한 문화 의식 개조의 일환이자 수단으로 받아들여졌다.

발레 종주국인 이탈리아나 이탈리아로부터 발레를 받아들여 초기 발레 발전을 주도했던 프랑스와 비교하면 러시아의 발레 수용은 최소 100~150여 년은 뒤처졌다. 러시아 최초의 발레 공연이 열렸던 1673년을 출발점으로 볼 때 러시아 발레는 현재까지 약 350년 역사를 자랑한다. 당

기를 주로 다루고 있을뿐더러 '모방과 변용'의 주제에도 부합할 수 있도록 '프티파'로 표기한다.

연히도 시작은 모방이었다. 러시아에는 존재하지 않았던 완전히 새로운 예술 양식을 받아들이는 것이어서 처음에 러시아는 그저 열심히 서구를 모방하는 수밖에 달리 도리가 없었다. 이 모방 단계는 아주 오랫동안 지속됐고 러시아 발레 350년 역사 중 전반기 3분의 2에 해당하는 기간은 러시아인이 아니라 외국인이 러시아 발레를 책임지고 발전시켜 나갔다. 니콜라 리마(생몰 연도 미상), 장-바티스트 랑데(1697~1748), 샤를-루이 디들로(1767~1837), 쥘 페로(1810~92), 아르튀르 생-레옹(1821~70), 페르 크리스티안 요한손(1817~1903), 마리우스 프티파 등 러시아 발레사 전반부 200여 년 이상을 빼곡히 채우는 외국인 안무가나 발레 마스터들의 이름에서 우리는 러시아가 서구의 발레를 모방하려고 얼마나 애써 왔는지 알 수 있다.

19세기 후반 마침내 프티파와 차이콥스키의 협업을 통해 러시아 고전 발레는 화려한 전성기를 맞이했다. '프티파의 시대'로 불리기도 하는 이 전성기는 어쩌면 오늘날까지도 이어지고 있는지도 모른다. 안무가나 대본 작가로서, 혹은 다른 안무가들의 작품을 재해석한 안무가로서 활약한 프티파가 전 세계 발레단에 「잠자는 미녀」, 「백조의 호수」, 「호두까기 인형」, 「돈키호테」, 「라 바야데르」 등과 같은 인기 레퍼토리를 지금도 꾸준히 선사하고 있으니 말이다. 게다가 프티파 시대에 완성된 러시아 고전주의 발레를 개혁함으로써 세계 발레를 주도해간 '발레 뤼스(Ballets Russes)'와 이후 세계무대로 진출한 수많은 발레인(人)을 통해 러시아 발레는 국제적 명성을 확보하게 된다. 말하자면, 발레는 러시아 문화예술 분야에서 가장 성공적인 서구 수용 사례라고 볼 수 있다.

러시아에 들어오다: 프티파 이전의 러시아 발레

표트르 대제의 서구화 정책은 외국과의 교류가 점차 늘어가고 있었던 17세기 초·중반부터 조금씩 준비되어왔다. 특히 표트르 대제의 서구화에 기초한 개혁 성향은 그의 아버지인 황제 알렉세이 미하일로비치(1629~76)에게서 물려받았다고도 볼 수 있다. 러시아 역사학자 바실리 클류쳅스키(1841~1911)는 알렉세이 황제를 '모스크바 공국 문화의 전형적인 인물'이자 '서구에 대해서 새롭게 관심을 가진 선구적인 러시아인 중 한 사람'이었다고 평가한다. 즉, 알렉세이 황제는 당대 러시아의 보수적인 분위기를 따르되 서구적인 것에도 관심을 기울였던 인물이었다.

알렉세이 황제가 서구에 관심을 기울이게 된 데는 측근들의 영향이 컸다. 황태자 시절 알렉세이의 교육을 담당했던 보리스 모로조프(1590경~1661)는 당대를 대표하는 친(親)서구적 인물이었다. 그는 황태자를 교육하면서 독일 판화를 수업자료로 활용했고 황태자에게 독일 의복을 입혔으며 황태자를 위해 장난감들도 독일에서 공수해 왔다고 한다. 또 황태자 시절부터 가깝게 지냈던 친구로 훗날 황제의 고문이 된 아르타몬 마트베예프(1625~82)도 대표적인 친서구적 인물이었다. 마트베예프의 아버지는 귀족 출신은 아니었지만 뛰어난 재능으로 외무성 관리가 되었고 터키와 페르시아에서 업무를 훌륭히 수행해냈다. 그 덕분에 13세의 아들 아르타몬을 귀족 자제들과 함께 모스크바로 보낼 수 있게 됐는데, 아르타몬은 여기서 네 살 어린 황태자 알렉세이와 함께 공부할 기회까지 얻었다. 어린 시절부터 외국 신문물을 접했을 뿐 아니라 스코틀랜드인 아내까지 두었던 마트베예프는 음악가와 배우로 구성된 소형 극단을 자기 집에 갖고 있기도 했고 유럽식 문화와 인테리어로 집을 장식하기도 했다. 알렉세이 황제도 이 집을 자주 찾았는데, 이곳은 당시 일반적인 러시아 귀족 가정집과는 분위기가 많이 달랐다. 일반적으로 러시아 귀족 가옥에서는 남자와 여자의 공간을 엄격하게 분리해두어 남자 손님이 방문해도 통상 여자들이 그 손님과 마주칠 일이 없었다. 이와 달리 마트베예프의 집에서는 남녀가 자연스럽게 대면하곤 했다고 한다. 이러한 자유로운 환경 덕분에 2년 전 황후와 사별했던 황제는 바로 이 집에서 두 번째 부인을 처음 만나게 된다. 마트베예프의 아주 먼 친척으로 이 집에 머물고 있었던 나탈리야 나리시키나(1651~94)가 그 주인공이었다.

이렇게 스승 모로조프와 친구이자 고문이었던 마트베예프의 영향으로 알렉세이 황제는 자연스럽게 서구 문물을 접할 수 있었고 그 덕분에 서구 신문화, 예를 들면 극장, 바로크 시, 기악곡 등이 궁중 문화에 도입될 수 있었다.

17세기 초에 이미 외국 전문 공연단이 모스크바에 나타나기도 했지만, 정교회 중심의 보수적인 궁정에서는 연극 공연을 '악마의 놀이'라고 여겼다. 그런데도 알렉세이 황제는 이런 공연을 보러 다녔는데, 정교도로서 '악마의 놀이'를 즐기는 게 신경은 쓰였던지 공연 관람 후에는 죄를 씻기 위해 정화의 장소인 바냐(목욕탕)로 향했다고 전해진다. 알렉세이 황제가 극장에 관심을 보인 데는 유럽에 파견된 러시아 외교관들의 영향도 컸다. 예를 들어, 1658~59년에 이탈리아 피렌체에 머물렀던 바실리

리하초프(1620~70)는 그곳에서 본 놀라운 무대 장치의 연극 공연(하늘에서 천사가 내려온다거나 죄인들이 지옥으로 떨어지는 장면 연출)에 대해 자세하게 보고하여 황제의 관심을 끌었다. 하지만 황제의 관심에도 불구하고 극장을 만들기까지는 꽤 오랜 시간이 걸렸다. 황제에게 극장은 과거 왕들이 즐겼던 사냥과 유사한 오락거리일 뿐이었지만, 당시 보수적인 러시아에서는 유럽 극장이 러시아 정교도의 영혼을 흐리게 하는 것으로 받아들여져서 극장 건립이 속행될 수 없었던 탓이었다.

첫 번째 황후 마리야 밀로슬랍스카야(1624~69)가 사망한 지 2년이 되던 1671년에 알렉세이 황제는 나탈리야 나리시키나와 혼인한다. 그녀는 황제보다 스물두 살이나 더 어렸고, 심지어 첫 황후에게서 태어난 예브도키야 공주보다도 한 살 더 어렸으니 젊은 황후에 대한 차르의 사랑은 각별할 수밖에 없었다. 혼인한 지 1년 뒤인 1672년 5월 30일 장차 '대제'가 될 아들 표트르가 태어나자 황제는 왕자 탄생을 기념하기 위해, 그리고 연극을 좋아하는 젊은 황후를 기쁘게 해주기 위해 당시 궁정에서 극장의 효용을 잘 아는 유일한 인물이었던 마트베예프에게 극장 건축과 공연 준비를 지시한다.

마트베예프는 이 지시를 수행하기 위해 모스크바 근교 외인촌 '네메츠카야 슬로보다'로 향했다. '네메츠카야 슬로보다'는 당시 독일, 영국, 덴마크, 네덜란드, 스위스, 이탈리아, 스코틀랜드 등 유럽 여러 나라에서 온 다양한 직업의 외국인 집단 거주 구역으로 '미니 유럽'이나 다름없는 곳이었다. 마트베예프는 그곳에서 루터교 교회 목사였던 요한 그레고리

(1631~75)를 찾아냈다. 그레고리는 황제가 원했던 대로 구약성서의 에스테르기(젊은 유대 여인 에스테르가 페르시아 왕 크세르크세스와 혼인한 이후 유대인들을 몰살시키려는 페르시아 고위 관리 하만으로부터 유대인들을 지키기 위해 왕에게 청원하는 내용)에 근거하여 희곡「아르타크세르크세스 극」을 집필했고, 제자들인 장교·상인·수공업자들의 자녀를 모아 공연을 준비했다.

러시아 최초의 극장은 모스크바 동쪽 근교 야우자 강변에 있는 알렉세이 황제의 여름 거주지 프레오브라젠스코예 마을에 세워졌고 '코메디나야 호로미나('연극 가옥', '연극관')'로 불렸다.「아르타크세르크세스 극」은 1672년 10월 17일 이 극장 개관일에 상연됐다. 이 연극은 60여 명 이상의 배우와 가수, 무용수가 무대에 등장한 대규모 공연으로 10시간 동안 휴식 시간 없이 진행됐다고 한다. 이날 공연은 성공적이었기에 다음 달에도 몇 차례 더 상연됐다. 이 공연 성공에 힘입어 그레고리는 크리스마스가 되기 전에 몇 개의 공연을 더 제작했고 이에 만족한 황제는 후한 상을 내렸다.

하지만 극장의 문제점이 곧 드러났다. 겨울이 되자 추운 날씨에 대가족을 이끌고 프레오브라젠스코예 마을의 극장으로 이동하기가 불편하다는 것을 황제가 깨달은 것이다. 극장의 달콤함을 이미 맛본 황제는 극장을 포기할 수가 없었다. 그래서 모스크바 크렘린 안에 극장을 마련하라고 지시한다. 크렘린 안에는 알렉세이 황제가 첫 번째 황후인 마리야 밀로슬랍스카야와 혼인한 뒤 장인인 대귀족 일리야 밀로슬랍스키(1595~1668)에게 지어준 궁이 있었는데 밀로슬랍스키가 사망한 후에는 궁정 관청으로 사용되고 있었다. 바로 이곳에 프레오브라젠스코예 마을에 이어 또 하나의 궁정극장이 들어섰다. 이곳은 황실 가족의 여흥을 위해 여러 공연이 펼쳐지면서 '포테시니 드보레츠('오락·유흥의 궁')'로 불리게 되었다. 러시아 최초의 발레 공연은 바로 이곳에서 이뤄졌다. (여러 많은 자료에서 러시아 최초의 발레 공연이 프레오브라젠스코예 마을에서 이뤄진 것으로 쓰고 있는데, 이는 오류인 것으로 보인다. 한편, '포테시니 드보레츠'는 현재 크렘린 위수사령부 건물로 사용 중이다.)

1673년 2월 8일, 러시아의 사육제인 마슬레니차 주간의 끝 무렵이었던 그때, 러시아 최초의 발레「오르페우스와 에우리디케」가 모스크바 크렘린에 있는 궁정극장에 올려졌다. 이 발레 공연은「아르타크세르크세스 극」과 마찬가지로 '네메츠카야 슬로보다'에 거주하는 외국인들에 의해 무대에 올려질 수 있었다는 점에서 이후에 펼쳐질 러시아의 발레 수용의 양상을 가늠해 보게 만든다. 이 발레는 차르가 좋아하던 연극「아르타크세르크세스 극」의 프롤로그처럼 제시되었는데, 독일 바로크 시대의 유명 작곡가 하인리히 쉬츠(1582~1672)의 발레곡「오르페우스와 에우리디케」(1638)에 스코틀랜드계 프랑스인 공병 장교인 니콜라 리마가 안무 및 연출을 담당하고 주인공 오르페우스 역으로 출연까지 한 작품이다. 리마는 프랑스 사관학교에서 발레를 익혔던 터라 20명의 소시민 아이들을 지도하여 공연에 출연할 수 있도록 했다.

이 발레 공연에 대한 정보는 알려진 바가 많지 않다. 당시 모스크바에 머물고 있었던 폴란드 대사의 아들 야콥 루텐펠스(Jacob Reutenfels)의 기록에 상당 부분 의지하고 있다. 루텐펠스는 음악에 맞춰 몸을 빠르지 않게 움직이는 이 발레를 '프랑스 춤'으로 명명했는데, 알렉세이 황제의 궁에서는 처음으로 선보이는 새로운 형태의 오락이었다. 루텐펠스에 따르면, 시간을 즐겁게 보내기 위한 여러 놀이나 춤, 기타 오락거리들이 유럽의 궁전들에 있다는 사실을 알게 된 황제가 이 모든 것을 '프랑스 춤'으로 표현해내도록 명령했고 7일이라는 짧은 기간 내에 할 수 있는 모든 것을 제작했다고 한다. 의상, 새로운 무대, 균형 잡힌 새로운 음악은 아주 당연하게도 러시아 관람자들에게 좋은 인상을 남겼으며 큰 만족과 경이로움을 선사했다. 이후 리마는 극장이 폐쇄될 때까지 궁정극장의 발레 감독으로 일하면서 공연을 올렸다고 하는데, 작품 제목조차 알려져 있지 않을 만큼 정보가 빈약한 상태이다.

처음에 황제는 새롭고도 다소 이교적인 것으로 여겨지는 음악이 들어가는 것을 원치 않았지만, '음악 없이는, 다리가 없는 것과 마찬가지로, 춤을 출 수 없다'라고 그에게 고하자 모든 것을 공연자들이 알아서 하도록 내버려 두었다고 한다. 이 발레는 오늘날의 발레와는 다소 형식이 달랐다. 무용이 연극, 오페라 등과 뒤섞인 채 공연되던 초기 발레의 형태를 띠고 있었다. 오르페우스 역을 맡은 리마는 두 개의 움직이는 피라미드 사이에서 춤을 추기에 앞서 차르에게 바치는 송가를 불렀다. 흥미로운 점은 공연을 관람하는 방식이었는데, 마치 한 사람만을 위한 공연처럼 보였다고 한다. 공연이 진행되는 동안 황제 혼자서 무대 앞 중앙에 배치된 의자에 앉아 공연을 관람했고, 나머지 황실 가족들, 즉 새 황후 그리고 첫 번째 황후 사이에서 태어난 왕자와 공주들은 박스석 형태로 만들어진 구조물 틈새로 관람했다.

알렉세이 황제에게 궁정극장의 공연은 황제 자신이 규정했듯이 새로운 유행의 '오락(포테하)'이며 유럽 군주들의 극장을 모델로 한 '기분전환거리'였다. '오락'이란 말은 우리가 흔히 알고 있는 뜻 외에 비(非)교회적인 것, 평범하고도 세속적인 것을 의미했다고 한다. 이런 점에서 여전히 성서적 모티프에 기반했던 연극 공연들과 비교할 때, 이교적인 그리스·로마 신화를 다룬 발레 「오르페우스와 에우리디케」가 공연됐다는 것은 러시아가 중세 사회에서 벗어나 르네상스적인 유럽 사회에 한 걸음 더 가까워졌음을 보여주는 것이기도 했다. 이 극장의 운명은 알렉세이 황제의 운명과 함께했다. 크렘린 내 궁정극장의 마지막 연극 공연이 1676년 1월 23일과 24일에 있었는데, 불과 며칠 뒤인 1월 29일에 47세의 차르가 심근 경색으로 사망하게 된다. 극장을 영혼을 타락시키는 공간으로 여겼던 총주교 이오아킴(1621~90)은 눈엣가시였던 궁정극장을 곧바로 폐쇄했고, 그로 인해 발레 공연도 당연히 자취를 감추었다.

그리고 수십 년간 잊혔던 발레(좀 더 정확히 말하자면 궁정 발레 혹은 무도회 무용)에 다시 관심을 기울인 인물이 있었으니, 그가 바로 알렉세이 황제의 아들, 훗날 대제라고 불리는 표트르였다. 발레에 대한 관심은 부자 모두에게 공통적이었지만, 흥미롭게도 발레와 무용을 대하는 부자의 기본 태도와 의식에는 엄청난 간극이 존재했다. 아버지 알렉세이가 발레를 단순히 유흥, 즉 예술의 차원으로 받아들였던 것과는 달리, 아들인 표트르는 서구, 특히 프랑스에서 그러했던 것처럼 발레를 궁정 예법으로 받아들였다. 이런 차이는 서구에 대한 관심 혹은 서구화에 대한 인식의 차이에서 기인했는데, 알렉세이 황제에게 서구화는 사회를 개조시킨다는 개념이라기보다는 그저 자신의 편의와 취향을 위해 필요한 것쯤으로 파악됐다. 알렉세이 황제는 자신을 위해 특별히 준비된 극장이라는 공간으로 가서 무대 위에서 벌어지는 발레 공연을 그저 감상하면서 즐기기만 하면 됐다. 그 이상의 것, 혹은 그 외의 것에 황제는 전혀 관심이 없었다. 그런데 그의 아들 표트르에게 발레는 단순히 감상용 극장 공연에 그치는 것이 아니었다. 당시 유럽에서 가장 세련된 귀족 문화를 향유하고 있었던 프랑스, 특히 루이 14세 시기의 프랑스를 모범으로 삼아 표트르 대제는 궁정 예법과 귀족의 생활 양식을 유럽식으르 개조하기 위해 발레, 좀 더 정확히 표현하자면, 무용을 적극적으로 활용하고자 했다.

표트르는 어린 시절부터 외인촌 '네메츠카야 슬로보다'를 자주 드나들면서 잡다한 지식과 신문물을 접했을 뿐 아니라 경직되고 보수적인 러시아와는 다른 유럽의 자유로운 분위기를 접할 수 있었다. 유럽에서 극장을 방문하기도 했던 표트르 대제는 서구화를 위한 국민 교육과 계몽의 수단으로 극장과 무용을 선택했다. 대제는 모스크바 붉은 광장의 역사박물관이 현재 자리 잡고 있는 곳에 400여 석 규모의 러시아 최초 대중극장을 세웠다. 1702년 아르한겔스크에서 우연히 만난 네덜란드인 야코프 코키와 그의 두 아들에게 대중극장 업무를 맡게 했다. 발레는 장남인 카를이 맡았는데, 당시 러시아 관객들에게 외국인 예술가가 무대에 올린 낯선 내용과 형식의 발레는 인기를 전혀 끌지 못했다. 그래서 표트르 대제는 1706년에 극장을 폐쇄했다. 극장을 통한 대중 설득에 실패한 표트르는 자신의 주변 귀족들을 변화시켜야 한다는 것을 깨달은 후 이를 위해 무용을 활용하기로 마음먹게 된다.

한편 1717년에 발간된 귀족 청년을 위한 행동 규범서이자 러시아 최초의 에티켓 교재인『청년의 귀중한 거울』에서는 외국어, 승마, 펜싱, 무용을 배우라는 조언을 젊은 남자 귀족에게 하기도 한다. 이 교재에는 무용과 관련된 사항도 다수 포함되어 있는데, 무용 자체에 관한 내용이라기보다는 무용과 관련된 에티켓에 관한 것이었다. 예를 들어, '누군가 춤을 출 때 점잖지 못하게 침을 뱉으면 안된다', '결혼식에서 장화나 박차를 신고 춤을 추는 것은 무례한 것이다, 그것은 여성의 옷을 찢을 수 있고 박차는 엄청난 소리를 낸다'와 같은 조언이 담겨 있다. 이 책은 1717년에만 2쇄가 나왔고 1719년에는 4쇄가 나왔을 정도로 인기가 있었다. 이 교재가 19세기 말까지 반복적으로 발간된 것을 보면 표트르 대제 시대에 제안된 서구식 에티켓 교육이 19세기 말까지 여전히 유효했음을 유추해 볼 수 있다.

무용을 통해 귀족층의 생활 양식을 개조하고자 한 표트르 대제의 강력한 개혁 의지는 1718년 11월 25일 자로 발표한 '아상블레에 관한 칙령'을 통해 더욱 선명히 표명되기도 했다. '아상블레(Assemblée)'란 무도회의 기초가 된 남녀 사교 모임을 가리키는 것이다. 이미 언급했듯이 당시 러시아 귀족들은 집안 내에서도 남자의 공간과 여자의 공간을 나누어 생활하고 있을 정도로 보수적이었다. 하지만 자신이 자주 드나들던 외인촌에서의 경험이나 유럽 여행을 통해 남녀가 허물없이 지내는 것을 이미 보았던 표트르 대제는 경직된 러시아 사회를 서구화할 수 있는 수단으로 무도회 성격을 띤 '아상블레'를 제안했다.

해당 칙령이 '아상블레'에 대한 개념 정의로부터 시작되는 데서 파악할 수 있듯이 러시아에는 기존에 없었던 서구의 새로운 이벤트가 귀족 사회에 이식됐다. 칙령에서는 아상블레가 '유흥'뿐 아니라 '일'이기도 하다는 점을 강조한다. 그로 인해 시간, 음식, 음료, 흡연, 춤, 체스 게임, 담소 등에 관한 세세한 지시를 포함하고 있다. 특히, '아상블레에서 가져야 할 손님의 품위에 관한 칙령'에 명시되어 있는 16개 항목은 문화인으로서 갖춰야 할 기본적인 에티켓으로 채워져 있는데, 이는 그만큼 당대 러시아 사회가 비문화적인 상태였음을 방증하는 것이기도 했다. 예를 들어, 빈틈없이 깨끗이 씻을 것, 불쾌한 수염으로 여인의 보드라움을 해치지 않도록 꼼꼼하게 면도할 것, 과도하진 않되 잘 차려입을 것, 손님으로 갔을 때 집안 구조, 특히 화장실 위치를 먼저 파악할 것, 춤추는 데 방해되지 않도록 음식은 적당히 먹을 것, 사레들릴 수 있으니 누워 있는 사람에게는 술을 요청하더라도 주지 말 것, 술 취한 사람들은 춤추는 데 방해되지 않도록 조심스럽게 한 곳에 둘 것, 아내가 없는 독신자들은 탐욕을 드러낸 채 아름다운 여인들을 보지 말 것 등과 같은 항목들이 있다. 당대 러시아인들에게는 남녀가 함께 모이는 아상블레가 익숙하지 않았던 만큼 여성 앞에서 남성이 어떻게 처신해야 하는지가 비교적 자세히 제시되어 있으며, 여러 항목을 통해 아상블레의 중심에 '춤'이 자리 잡고 있음을 알 수 있게 한다. 말하자면, 춤이라는 것을 매개 수단으로 하여 귀족들의 행동 양식을 좀 더 세련된 것으로 만들고자 했던 것이 이 칙령의 목표였다고 볼 수 있다. 그런데 마지막인 열여섯 번째 항목에 '아상블레에서 유명인사, 심지어 황제를 보게 되더라도 놀라지 말 것'이라는 내용을 적시해 둠으로써 황제의 아상블레 출현을 예고하고 있기도 하다.

그러나 여성도 참여하는 새로운 유흥 모임에 익숙하지 않았던 귀족들은 황제의 칙령에도 불구하고 아상블레에 참석하는 것을 꺼리게 되었다. 이에 표트르 대제는 직접 아상블레를 주재하기도 했고, 자신의 측근인 파벨 야구진스키(1683~1736)에게 불참자를 확인하는 업무를 맡기기도 했다. '유럽을 향한 창'이었던 상트페테르부르크보다는 보수적인 모스크바에서 아상블레에 대한 관심이 훨씬 더 떨어졌는데 이에 격분한 표트르 대제는 "다음 주 일요일 스타로-프레오브라젠스코예 마을에 있는 황제 궁에서 모임이 있으니 열 살 이상의 모든 여인은, 중벌을 받고 싶지 않다면, 참석할 것"이라는 공지를 내기도 했다. 당대 유럽식 귀족 문화의 상징과도 같았던 이 아상블레를 러시아 사회에 뿌리내리도록 만들려고 표트르 대제는 신성종무원 원장과 여러 수도원의 대주교를 초청하여 수도원 안에서 아상블레를 개최하는 극단적인 방법을 쓰기도 했다.

명문가나 부유한 집안에서는 2주일에 한 번 아상블레를 열도록 권고받았다. 초기에는 익숙하지 않은 귀족들을 위해 야구진스키의 지시에 따라 아상블레가 진행되기도 했는데, 예를 들어, 술을 마시라고 하면 참석자 모두 마셔야 했고, 춤을 추라고 하면 춤을 춰야 했다고 한다. 아상블레에서는 춤이 큰 역할을 맡고 있었기 때문에 춤추기 힘든 노인이나 허약한 사람을 제외하고는 모두 춤을 춰야 했다. 만약 춤을 추지 않으면 '큰 독수리 컵 말리기'라는 특이한 벌칙을 받기도 했다. '큰 독수리 컵 말리기'란 러시아 제국의 문장인 쌍두독수리가 새겨진 약 1.5리터짜리 술잔에 독한 적포도주나 보드카를 채운 뒤 다 마셔서 비우는 것을 말한다. 남자든 여자든 예외는 없었다고 한다.

사정이 이러하다 보니 러시아 귀족사회에서는 무용 선생이 필수적인 인물로 부상했다. 황제 측근들도 외국인 무용 선생을 고용할 수밖에 없었는데, 이 무용 선생들은 러시아인들에게 춤만 가르친 것이 아니라 유럽 상류층의 예법도 함께 가르쳐줬기 때문에 귀족사회의 서구화를 한층 가속화한 효과를 얻기도 했다. 표트르 대제 시기의 교육기관에서는 무도회 무용 교습이 필수과목으로 지정되기도 했다. 춤이 중심을 이루는 아상블레를 통해 유럽식 생활 양식을 러시아 귀족사회에 심으려는 표트르 대제의 목표는 이런 방식의 강제와 학습을 통해 이제 막 뿌리내릴 준비를 하고 있었다.

표트르 대제 이후에도 무용은 여전히 귀족사회의 주요 예법으로 받아들여졌다. 안나 여제(1693~1740) 치세기에는 무용이 군사교육과 연관되어 주요 과목으로 다뤄지게 된다. 이탈리아에서 탄생한 최초의 발레가 궁정 유흥의 형태로 나타났고 그로 인해 이탈리아와 프랑스의 초기 발레 무용수들은 전문 배우들이 아니라 왕족이나 작위를 가진 상류층 사람들이었다는 사실을 상기할 필요가 있다. 가장 유명한 인물로 '태양왕' 루이 14세를 떠올릴 수 있는데, 이 '태양왕'이란 별칭 자체가 루이 14세가 직접 무용수로 참여한「밤의 발레」(1653)에서 기원했다는 사실은 초기 궁정 발레의 성격을 명확히 규정해 주기도 한다. 그런데 이탈리아와 프랑스에서 발달한 궁정 발레에는 펜싱을 배운 귀족들이 참여했기 때문에 펜싱의 기본적인 손발 동작들이 자연스럽게 발레 안무에 활용됐다고 한다. 프랑스에서는 귀족층의 세 가지 주요 운동으로 승마, 무술과 함께 무용이 포함돼 있었고, 무용은 펜싱과 승마 학교에서 가르쳤다.

프랑스의 이런 교육 방식은 러시아에서도 반복되어 상트페테르부르크에 개교한 러시아 최초의 사관학교가 러시아 발레사에서 중요하게 다뤄졌다. 표트르 대제 치세에서 아상블레를 주재했던 야구진스키의 발의에 따라 안나 여제는 육군귀족유년사관학교 개교 관련 칙령을 1731년 7월 29일 자로 원로원에 제출했고, 학교는 이듬해인 1732년 2월 17일 개교했다. 흥미롭게도 이 유년사관학교는 '러시아 발레의 요람'으로 불리게 되는데, 그 이유는 이곳에서 생도들이 무용을 의무적으로 배우게 되었으며 궁에서 열리는 발레 공연에 무용수로 참여하기도 했기 때문이다. 사관학교 생도들의 무용 선생은 안나 여제의 궁정 신하들과 귀족들에게 무도회 무용을 가르치고 궁정 무도회를 조직하기 위해 1730년대 초에 러시아로 초빙된 프랑스인 발레 마스터 장-바티스트 랑데(1697~1748)였다. 그는 1734년부터 사관학교 생도들에게 무용을 가르쳤고 생도들이 궁에서 열리는 디베르티스망 공연에 참여하여 큰 성공을 거둘 수 있도록 힘

쓴 인물이다. 하지만 졸업 후에 무용을 그만두는 경우가 늘어나자 랑데는 상설 무용단 조직의 필요성을 절감하게 되어 여제에게 무용학교 설립을 탄원했다. 그리하여 1738년 5월 4일에는 겨울궁전 구관에 3년제로 구성된 러시아 최초의 궁정무용학교(바가노바 러시아 발레아카데미 전신)가 설립되어 남녀 각 6명씩 총 12명의 학생이 랑데의 가르침을 받게 되었다. 그리고 이후 여러 극장 예술 가운데 발레를 가장 좋아했다고 전해지는 옐리자베타 여제(표트르 대제와 예카테리나 1세의 막내딸, 1709~62)의 비호 아래 랑데의 제자들로 구성된 러시아 최초의 발레단이 창단됐다.

표트르 대제가 칙령을 통해 알리고 강제로 열어야만 했던 아상블레는 18세기 중반이 되면 무도회 형식으로 귀족의 일상에 스며들었다. 물론, 귀족사회뿐 아니라 궁정에서도 무도회는 주요 행사였기에 왕가도 춤을 배우는 데 열중해야 했다. 옐리자베타 여제의 조카로 그녀의 후계자가 된 표트르 3세의 스승 야코프 시텔린(1709~85)의 기록에 따르면, 옐리자베타 여제가 궁에서 춤을 가장 잘 추었고 궁에서는 모두 춤을 잘 추려고 애썼기 때문에 후계자 역시 춤을 좋아하지 않았음에도 일주일에 4일 무용 교습을 받았다고 한다.

1741년 12월에 왕권을 물려받은 옐리자베타 여제는 프랑스 궁정 문화를 누구보다 적극적으로 수용함으로써 아버지인 표트르 대제의 서구화 정책을 이어가게 된다. 1742년 4월 대관식에 맞춰 준비된 궁정 공연 「슬픔 뒤에 다시 환희에 찬 러시아」에는 프롤로그 성격을 띤 발레가 올려지기도 했다. 게다가 여제는 '러시아 황실극장의 창시자'라고 불릴 정도로 극장 예술에 큰 관심을 보였다. 1742년부터 황실극장들은 황실의 적극적인 관리하에 놓였고, 이때 '궁정예술가'라는 직위가 생겨나기도 했다.

1762년 9월에 있었던 예카테리나 2세 여제 대관식은 러시아 황실 역사상 가장 볼거리가 풍성했던 국가 행사로 꼽힌다. 엄청난 비용을 들여 진행된 대관식 축하연에는 대규모 가면무도회는 물론이고 궁의 유명인사들이 참여한 화려한 발레「태평한 목동들에게 기쁘게 돌아온 봄의 여신」(1763)도 포함됐다. 그리고 예카테리나 여제 시대에는 극장이 활성화되기도 했다. 이 시기에 3개의 황실극장이 설립됐고 18세기 후반에는 니콜라이 유수포프(1750~1831), 그리고리 포톰킨(1739~91), 표트르 셰레메테프(1713~88) 등의 귀족들이 농노 발레단을 조직하기 시작했으며 사설 극장들도 등장하기 시작했다. 돈만 내면 볼 수 있는 외국 오페라·발레단의 방문 공연이 잦아졌고 이로써 발레가 과거 제한된 관객을 목표로 하던 데서 벗어나 대중적 인기를 얻어가기 시작했다.

역사학자 랴자놉스키와 스타인버그가 말했듯이, 러시아의 18세기는 견습과 탁월한 모방의 시기였다. 표트르 대제는 예법으로서의 발레(무용)를 러시아 귀족사회에 이식시키려 노력했었고, 안나 여제와 옐리자베타 여제는 예법으로서의 발레를 일상화시키는 한편, 예술로서의 발레를 위한 기초를 다지기 시작했다. 예카테리나 대제는 예술로서의 발레를 보편화하는 데 일조했다. 표트르 대제 치세에서는 극장이나 무용이란 것이 강요에 의해 방문해야 하고 수행해야 하는 과제이자 의무였다면, 18세기 말이 되면 수도는 물론, 지방 사회에서도 즐기는 오락이 되었다. 러시아 발레 학교 졸업생들이 늘어나면서 발레 무대를 러시아인 무용수들이 점차 차지하게 되는가 하면 러시아인 발레 마스터(이반 발베르흐, 1766~1819)가 등장하여 프랑스인 유명 발레 마스터(샤를-루이 디들로, 1767~1837)의 견제 대상이 되기도 했다. 19세기에 들어서면 예법으로서의 발레는 귀족층의 일상 영역에서 여전히 남아 있는 동시에 수많은 극장에서 예술로서의 발레가 급속한 발전을 이룩하게 된다. 18세기에는 외국 무용수들에 가려져 조역으로서만 무대에 섰던 러시아 무용수들이 19세기에는 주역으로서 무대를 장악하기도 했다. 아브도티야 이스토미나(1799~1848), 예카테리나 텔레세바(혹은 텔레쇼바)(1804~59) 같은 발레리나들은 가브릴라 데르자빈(1743~1816), 알렉산드르 그리보예도프(1795~1829), 알렉산드르 푸시킨(1799~1837) 등과 같은 유명 작가들의 작품에서도 앞다투어 언급될 정도로 대단한 인기를 구가했다. 그런데도 창작의 차원에서 러시아 발레는 안타깝게도 외국인 안무가와 작곡가들에 의해 만들어지면서 진짜 러시아적인 것으로 변용되지 못한 채 부유하는 느낌이었다. 마리우스 프티파라는 프랑스 안무가가 상트페테르부르크로 와서 러시아 작곡가 차이콥스키를 만나기 전까지는 말이다.

러시아에서 만개하다: '프티파 시대'의 러시아 발레

러시아에서 발레 공연이 극장 무대에 처음 오른 때가 1673년이었으니 러시아 발레의 황금기라고 불리는 19세기 후반 '프티파의 시대'는 정말이지 지나치게 더디 온 것이었다. 하지만 그 시대는 유례없이 찬란했고 어쩌면 오늘날까지도 이어지고 있다고 말할 수 있을 만큼 오래도록 지속되고 있다. 그런데 프랑스인 마리우스 프티파가 어떻게 '러시아 고전 발레의 아버지', '러시아 고전 발레의 수장', '러시아 발레의 스승'으로 평가받게 되었을까?

19세기 중반 이후 서유럽에서 낭만주의 발레가 쇠퇴해 갈 무렵 세계 발레사에서 최초로 러시아가 조명받기 시작하는 때가 도래한다. 프티파와 차이콥스키가 만들어낸 작품들은 러시아 고전주의 발레의 규범으로 받아들여졌고 오늘날에도 발레의 대명사처럼 인식된다. 발레 문외한이라고 하더라도 '프티파'란 이름을 한 번쯤은 들어봤을 것이고(물론, '프티파'는 성이다) 발레에 조금이라도 관심이 있는 사람이라면 '프티파'란 이름쯤은 가뿐히 기억해 낼 수 있을 것이다. 러시아에 왔던 수많은 외국인 안무가나 무용수 가운데 프티파만큼 이름을 찬란히 빛낸 이는 없었다. 러시아는 분명히 프티파에게 기회의 땅이었다. 프티파가 직접 언급했듯 러시아는 그가 '온 마음으로 사랑한 두 번째 조국'이었고 '생애 가장 행복한 시기'를 보낸 곳이었다.

마리우스 프티파는 1818년 3월 11일 프랑스 마르세유에서 4남매 중 둘째로 태어났다. 아버지 장-앙투안 프티파(1787~1855)는 당대 유명한 무용수이자 발레 마스터였고, 어머니 빅토린 모렐-그라소(1794~1860)는 유명 비극배우였다. 부모, 특히 아버지의 직업 특성상 어린 시절부터 프티파는 유럽 여러 도시를 떠돌게 된다. 프티파는 여섯 살 때 브뤼셀로 이사가서 일곱 살에 아버지한테서 발레를 배우기 시작했고, 아홉 살이 됐을 때는 아버지가 안무한 발레「춤 마니아」의 사부아에서 온 소년 역으로 처음 무대에 오르기도 했다. 그는 브뤼셀 그랑 콜라주에서 일반 교육을 받는 동시에 브뤼셀 음악원을 다니며 음악과 바이올린 연주를 배우게 된다. 오늘날에는 발레 반주를 피아노가 담당하고 있지만, 예전에는 바이올린이 담당했으니 발레 하는 사람에게 바이올린 연주는 필수였던 것이다. 이후 그는 보르도, 낭트, 뉴욕, 파리, 마드리드 등을 끊임없이 오가며 무용수로 일하게 된다.

프티파에게는 무용에 재능 있는 세 살 연상의 형이 있었다. 형 루시앵 프티파(1815~98)는 당대 아주 유명했던 이탈리아 안무가 필리포 탈리오니(1777~1871, 대표적인 낭만주의 발레「라 실피드」(1832)의 안무가로, 그의 딸 마리아 탈리오니는 세계적으로 유명한 전설적인 발레리나였다)의 눈에 띄어 1839년 파리 국립오페라극장 무대에「라 실피드」로 데뷔했고, 데뷔와 동시에 수석 무용수가 되어 화려한 경력을 쌓아가기 시작했다. 낭만주의 발레에 어울리는 용모와 실력을 갖춘 형 루시앵에 비해 마리우스는 무용수로서 크게 도드라지지는 못했다. 게다가 그는 무대 안팎에서 크고 작은 문제들을 일으키기도 했다. 마드리드 황실극장 객원 무용수로 있을 때는 무대 위에서 여성 무용수에게 키스하는 것이 금지되어 있던 당시 관례를 깨뜨리고 상대 발레리나를 설득한 끝에 무대 위에서 키스를 강행하기도 했다. 프티파의 이런 과감한 행동은 객석으로부터 엄청난 호응을 끌어냈고 많은 여성 관객이 '명승지' 보러 오듯 극장을 방문하여 객석은 만석이 됐다고 한다.

그런데 이곳에서 한 후작부인(마드리드 주재 프랑스 대사관 일급 비서관이었던 샤토브리앙 후작의 아내)에게 추근대다가 후작으로부터 결투 신청을 받는 일이 생기기도 했다. 결투장에서 후작은 프티파에게 10,000프랑을 제안하며 마드리드를 떠날 것을 종용했지만 프티파가 이를 거절해 버려 결투가 성사됐다. 후작의 총알은 비켜 갔지만 프티파는 후작의 턱 아랫부분에 상처를 입혔다. 프티파는 회고록에서 이 사건에 대해 영웅담을 풀어놓듯 자랑스럽게 쓰고 있다. 자신이 돈을 거절하고 결투를 실행했다는 소문이 퍼져나가자 사람들이 '영웅'을 보러 극장으로 몰려와서 자신에게 박수갈채를 퍼부었다는 것이다. 그런데도 경찰 조사는 불가피했고 법률 대리인의 조언에 따라 경찰서에서 모든 질문에 '아니오.'로만 답변한 채 결국 스페인을 떠나 프랑스로 가게 됐다. 하지만 그는 파리에서도 유부녀와의 연애사로 인해 결투에 다시금 연루된다. 당시 결투가 법적으로 금지되어 있어서 프티파는 구속될 위기에 처하게 되자 프랑스를 떠날 계획을 짜게 되었다. 그런데 예전과는 달리 이번 도피처는 프티파의 운명을 완전히 바꾸어 놓을 새로운 기회를 제공해 줄 곳이었다. 그곳은 그간의 떠돌이 생활을 끝맺게 해줄 뿐 아니라 명예까지 선사해 줄 곳이었다.

동생의 새 일자리를 찾기 위해 형 루시앵은 당시 상트페테르부르크 황실극장의 수석 발레 마스터로 있던 프랑스인 안무가 앙투앙 티투스(1780경~1850 이후)에게 연락을 취하게 된다. 마침 극장 측에서도 당시 큰 인기를 얻고 있던 발레리나 옐레나 안드레야노바(1819~57, 더욱이 그녀는 황실극장 감독 알렉산드르 게데오노프(1792~1867)의 동거녀이기도 했다)의 새로운 상대 무용수가 필요했던 차였기에 서로 이해관계가 꼭 들어맞아 계약이 성사될 수 있었다.

프티파는 상트페테르부르크 황실극장의 수석 무용수 자격으로 스물아홉 살이던 1847년 5월 29일에 배편으로 러시아에 도착했다. 예나 지금이나 러시아는 무엇보다 '추운 나라'로 인식됐던 것 같다. 더구나 유럽 남쪽 지역에 살고 있던 사람들에게는 이런 인식이 더 강할 수밖에 없었을 텐데, 5월에 러시아로 떠나는 아들이 혹여나 추위로 고생하지 않을까, 프티파의 말을 그대로 옮기자면 '코가 얼지나 않을까' 염려한 어머니는 여행 가방 안에다 목도리를 세 개나 챙겨 넣어주었다고 한다. 하지만 프티파의 회상에 따르면, 5월 말 러시아는 아주 더웠다. 예상과 달리 무더운 러시아에 도착한 첫날 프티파가 세관에서 겪은 일견 사소해 보이는 두 사건은 그의 러시아 생활을 상징적으로 예견하는 듯했다. 소소한 문제가 생길 수는 있어도 유럽인으로서의 특권을 누릴 수 있는 생활 말이다. 러시아에 도착해 더위를 느낀 프티파는 모자를 벗어 잠시 벤치에 올려둔 채 러시아로 오는 배 안에서 만난 프랑스 여배우의 요청으로 그녀의 여행 가방을 세관 직원에게 열어 보였다. 이제 막 러시아에 도착한 이 프랑스인들은 "예술인들이 초청받아 처음 우리 러시아에 올 때는 짐 검사를 하지 않습니다."란 친절한 말을 세관 책임 직원에게서 듣게 된다. 그런데 그 호의를 만끽하려던 찰나에 프티파는 잠시 의자에 올려두었던 모자를 도둑맞게 되었다. 순식간에 모자를 도둑맞은 프티파는 스카프로 머리를 싸맨 채 넵스키 대로로 나갔고 이 모습을 본 상트페테르부르크 사람들은 포복절도했다고 한다. 본인도 그에 못지않게 웃었다고 하니 상트페테르부르크에서의 첫날은 모자를 도둑맞은 대신 웃음을 얻은 셈이었다. 결코 나쁘지 않은 시작이었다고 볼 수 있다.

그리고 이튿날 황실극장 감독 게데오노프와의 만남은 프티파에게 러시아에서의 삶이 과거와는 다르게 펼쳐지리라는 것을 분명히 느끼도록 해주었다. 그가 5월 말에 도착했으니 극장의 새 시즌이 시작될 때까지는 4개월 정도 여유가 있었다. 프티파는 4개월 정도 그냥 쉬면 된다는 소리를 게데오노프에게서 듣게 된다. 그것도 러시아어가 아닌 프랑스어로 말이다. (프티파는 러시아에서 60년 넘게 사는 동안 따로 배우지 않아 러시아어를 제대로 구사하지 못했다. 공무나 귀족들과의 소통은 프랑스어로 이루어졌으니 러시아어를 굳이 배울 필요가 없었던 것이다. 다만 발레 학교에서 학생들을 가르칠 때는 그의 빈약한 러시아어가 조금 문제가 되긴 했는데, 오류 많은 러시아어를 신입생들이 이해하지 못할 때는 선배들이 통역 아닌 통역을 해 주기도 했다고 한다.)

4개월 공백에 대해 듣게 된 프티파는 생계비 걱정을 털어놓는데, 게데오노프는 그 자리에서 바로 200루블을 선불로 받을 수 있도록 조치했다. 프티파는 과거 프랑스 낭트에서 다리를 다쳤을 때 극장 측에서 월급을 지급하지 않아 고생했던 경험을 떠올리며 러시아를 "지상 낙원"으로 느끼게 됐다고 고백한다. 18세기부터 시작된 프랑스 문화 숭배가 여전히 존재했던 러시아 궁정에서 프티파는 프랑스인이라는 프리미엄으로 언어 문제에서나 금전 문제에서나 큰 어려움 없이 생활할 수 있었다. 프티파가 러시아에 도착한 지 4개월 후에 그의 아버지도 무용 교사로 초빙되어 온 것을 보면 프티파의 러시아 생활이 초기부터 꽤 만족스러웠던 것으로 보인다. 아버지 장-앙투안 프티파는 1847년 10월에 황실극장과 계약을 체결한 뒤 1855년에 68세로 사망할 때까지 상트페테르부르크의 연극 학교에서 무용 교사로 일했다.

황실극장 수석 무용수이자 마임 연기자로 초빙된 프티파가 1847년 5월에 작성한 계약서에는 최초 1년, 극장 측이 원하면 2년 더 연장할 수 있다는 계약 조건이 명시되어 있다. 이때는 프티파 자신조차도 결코 몰랐을 것이다. 최초 1년 계약으로 스물아홉 살에 러시아로 왔다가 92세로 사망할 때까지 러시아를 떠나지 않게 되리란 것을 말이다. 자신의 모국 프랑스를 방문했을 때 폐렴 증세가 심각해지자 아내에게 '내가 죽으면 상트페테르부르크로 날 데려가 달라, 나 여기에 묻히고 싶지 않다, 영예를 준 러시아 땅에 눕고 싶다'라고 말하게 될 줄을 말이다. 그는 러시아에서 63년간 살면서 두 번의 결혼과 동거로 네 명의 여인에게서 10명의 자녀를 얻었다. 그리고 황실극장에서 56년간 일했다. 프티파가 회고록에서 밝혔듯이 한 직장에서 60여 년을 근무한다는 것은 아주 드문 일이었다. 그는 처음에 수석 무용수로 시작하여 발레 마스터, 부수석 발레 마스터, 수석 발레 마스터로 단계를 차근차근 밟으며 경력을 쌓아갔다. 물론, 시련이 있기도 했다. 1849년부터 수석 발레 마스터를 맡아오던 쥘 페로가 1858년에 은퇴했을 때 프티파는 자신이 그 자리를 차지할 수 있을 것으로 기대했지만 아르튀르 생-레옹이 수석 발레 마스터로 초빙되어 오면서 좌절을 겪었고, 생-레옹과의 계약이 끝난 1869년이 되어서야 수석 발레 마스터가 될 수 있었다. 공식적으로는 1871년에 수석 발레 마스터가 된 것인데 러시아에 도착한 지 24년이 지나 그가 쉰세 살이 됐을 때의 일이다. 다른 프랑스 초빙 안무가들이 곧바로 수석이 됐던 것과 비교하면, 프티파는 꽤 힘겹게 이 자리를 얻었다. 하지만 그는 기다림의 시간을 그냥 흘려보내지만은 않았다.

그 시간 동안 프티파는 프랑스와 이탈리아 안무의 특성을 비교하기도 하고 여러 발레 마스터의 안무 경향을 비교하여 연구하면서 자신만의 것을 만들어낼 수 있는 역량을 쌓아가고 있었다. 예를 들어, 스토리를 중시하여 팬터마임을 지나치게 강조하는 쥘 페로와 코르드발레(군무)보다는 주역과 솔리스트들을 위한 안무 창작에 집중하는 생-레옹을 보면서 프티파는 이 두 극단을 조화롭게 합쳐내는 법을 터득했다. 프티파는 「파라오의 딸」(1862)이나 「라 바야데르」(1877)를 통해 스토리와 안무를 모두 중요한 차원으로 구현해 냈다. 게다가 도약이나 회전 등 기술적인 측면을 강조하는 이탈리아 발레와 낭만주의적 분위기 연출을 위한 부드럽고도 가벼운 움직임 등 감정적인 측면을 강조하는 프랑스 발레의 특성들을 종합하려고도 노력했다. 결국, 프티파의 안무 속에서는 팬터마임 발레와 안무 발레가 모두 중시되는 '심포니 발레'가 탄생할 수 있었다. 이런 응축된 노력은 프티파 경력의 마지막 10여 년을 아주 화려하게 장식할 수 있게 만들어줬다. '프티파의 시대'는 로또처럼 갑자기 나타난 것이 아니었다. '프티파의 시대'는 차근히 준비해오던 프티파에게 비록 늦긴 했지만 그래도 기필코 찾아온 필연이었다. 어쩌면, 프티파가 보여준 이런 모방과 변용 작업은 러시아 발레의 발전 과정을 간접적으로 보여주는 것이라고도 볼 수 있다.

상트페테르부르크 황실극장에서 일하던 약 60여 년간 프티파는 네 명의 황제와 여덟 명의 황실극장 감독 아래에서 활동하면서 약 80편의 발레를 무대에 올렸다. 완전히 새로운 작품을 올리기도 했고 타인의 안무작을 재안무하여 올리기도 했으며 때로는 자신의 작품을 재안무하여 올리기도 했다. 프티파는 러시아에 온 첫해인 1847년에 「파히타」로 무용수이자 안무가로 데뷔했다. 이 작품은 1846년에 프랑스 안무가 조셉 마질리에(1797~1868)가 파리 오페라극장에 올렸던 작품으로, 프티파는 이 작품의 재안무를 통해 파리의 최신 경향을 러시아에 선보이고자 했다. 이 공연을 만족스럽게 관람한 니콜라이 1세는 새롭게 입단한 프랑스인 수석 무용수에게 보석 반지를 하사했고 프티파는 아주 자랑스럽게 이 반지를 끼고 다녔다고 한다. 이후에도 프티파는 페로와 함께 1850년에는 「지젤」(원작 안무: 장 코랄리, 쥘 페로), 1858년에는 「해적」(원작 안무: 조셉 마질리에) 같은 낭만주의적 작품들을 재안무화했다. 현재 마린스키극장 무대에 오르고 있는 「지젤」과 「해적」은 프티파의 안무를 기본으로 삼고 있다.

1862년 프티파는 3막 9장의 발레 「파라오의 달」을 상트페테르부르크 볼쇼이극장(마린스키극장 전신)에 올렸는데, 이 발레의 음악은 당시 황실극장 상임 작곡가였던 이탈리아 작곡가 체사레 푸니(1802~70)가 맡았고,

대본은 테오필 고티에의 소설 『미라 이야기』(1858)를 원작으로 하여 쥘-앙리 생-조르주(1799/1801~1875)와 프티파가 함께 맡았다. 이국적인 이집트를 배경으로 한 낭만주의적 주제를 담고 있는 이 작품은 화려한 볼거리를 제공하면서 성공을 거뒀고 프티파의 경력에도 큰 도움을 주게 된다. 「파라오의 딸」은 마린스키극장의 주요 레퍼토리가 되어 1903년까지 총 203회차 공연을 이어갔으며 프티파 은퇴 이후에도 레퍼토리로 남아 1920년대 말까지 공연되었다.

죽음을 뛰어넘은 인도 무희와 전사의 사랑 이야기를 다룬 3막 5장의 발레 「라 바야데르」는 1877년 루트비히 민쿠스(1826~1917)의 음악에 프티파가 안무를 구성한 작품이다. 이 작품에서 가장 중요한 장면은 32명의 발레리나가 한 명씩 순차적으로 등장하여 대열을 길게 형성해 나가는 '망령들의 왕국' 장면이다. 처음에 64명으로 구성됐다가 32명으로 축소되긴 했지만, 흰색 튀튀를 입고서 마치 날개를 연상시키는 듯한 팔 장식을 단 32명의 발레리나가 반복적인 선율에 맞춰 똑같은 동작을 계속해서 보여주면서 무대를 꽉 채우게 될 때 작품의 몽환성은 극에 달하게 된다. 더욱이 하나씩 차곡차곡 쌓여서 커다란 대열을 형성해 나가는 건축학적 안무 구성은 러시아 제국의 수도인 상트페테르부르크의 건축 구조를 반영한 것으로도 간주된다. 그리고 이러한 제국적 이미지는 프티파라는 이름을 세계 발레사에 견고하게 새겨넣은 3막 5장의 발레 「잠자는 미녀」에서 한층 강하게 표출된다.

만년의 프티파는 이반 프세볼로시스키(1835~1909)가 황실극장 감독으로 있던 시기(1881~99)에 여러 명작을 안무했다. 프세볼로시스키, 프티파, 차이콥스키, 이 삼인조의 긴밀한 협업의 결과로 탄생한 「잠자는 미녀」는 그중에서도 러시아 고전주의 발레의 표본으로 널리 인정받는 명작이자 수작이라고 할 수 있다. 프세볼로시스키가 황실극장 감독으로서 이뤄낸 가장 큰 업적이라고 한다면 프티파와 차이콥스키의 협업을 성사시킨 일이었다. 1877년 모스크바 볼쇼이극장에서 초연된 「백조의 호수」(안무: 바츨라프 라이징거)가 참패한 이후 발레곡을 멀리하고 있던 차이콥스키를 발레 분야로 다시 불러낼 수 있는 권위와 권력을 가진 인물이 다름 아닌 프세볼로시스키였던 것이다. 샤를 페로의 동화 「잠자는 숲속의 미녀」(1697)를 원작으로 하여 프티파와 프세볼로시스키가 대본을 쓰고 프티파가 안무를, 차이콥스키가 음악을, 프세볼로시스키가 의상을 담당한 이 작품의 작업은 상호 이해와 신뢰를 바탕으로 한 긴밀한 공조의 완벽한 결과물이었다.

프티파는 평소 자신의 작업 방식대로 작곡가인 차이콥스키에게 아주 상세한 정보들, 예를 들어, 장면에 맞는 곡의 분위기라든지 악기 편성 등에 관한 정보들을 전달했다고 한다. 차이콥스키는 음악과 안무의 조화로운 작업 진행을 위해 프티파의 집을 자주 방문하여 자신이 작곡한 부분을 들려준 뒤 프티파와 의견을 조율해 나갔다. 한편, 프티파는 차이콥스키의 이해를 돕기 위해 작품의 등장인물들을 종이로 만들어 테이블 위에 세워 놓고 안무가 어떻게 구성되는지 시각적으로 이해될 수 있도록 직접 보여줬다고 한다. 프티파는 회고록에서 장막 발레를 창작하고 무대에 올리는 일은 아주 어려운 일이지만 프세볼로시스키처럼 조예가 깊고 재능 있는 조언자를 감독으로 발견할 때, 차이콥스키처럼 천재적인 작곡가와 일할 때 이 노동은 기분 좋은 일이 된다고 쓰고 있다. 공동 작업에 대한 프티파의 만족감이 고스란히 전해진다.

이 삼인조가 만들어낸 「잠자는 미녀」는 당대의 유행을 일방적으로 좇기보다는 발레의 근원, 즉 16~17세기에 형성된 궁정 의례로서의 발레로 되돌아감으로써 오히려 신선한 감각을 보여주기도 했다. 그리고 과거 러시아에 초빙된 프랑스 안무가들이 의도적으로 '러시아적인 것'을 강조한 결과 오히려 '가짜 러시아적인 것'이란 인상을 풍겼던 작품들과도 차이를 보였다. 프티파는 앙상블과 파드되, 코르드발레, 솔로, 클래식 댄스, 캐릭터 댄스, 디베르티스망 등을 교차시키는 방식으로 러시아 고전주의 발레의 표준 형식을 확립했고 화려하고도 웅장한 새로운 형식의 발레-페에리(ballet-féerie)의 모델을 제시했다. '러시아적인' 요소를 억지로 넣으려고 한 것이 아니라 테크닉을 중시하는 이탈리아 발레와 낭만주의적 서정성을 중시하는 프랑스 발레를 결합하여, 또 마임을 중시하는 안무 형식과 춤을 중시하는 안무 형식을 결합하여 프티파만의 새로운 형식의 발레를 창작해냈고, 그 자체를 '러시아 고전주의 발레'로 불리도록 만들었다.

그런데 프티파가 위의 여러 기법을 수용하고 변용하는 방식에도 주의를 기울여 볼 만하다. 특히, 당대 현란한 아크로바틱적 기교를 주무기 삼아 엄청난 관객몰이를 하고 있었던 이탈리아의 '페에리(몽환극)'를 대하는 프티파의 방식은 발레 예술 발전에 한 획을 그었다는 점에서 큰 의미가 있기 때문이다. 이탈리아 안무가 루이지 단조티(1835~1905)가 연출한 '페에리'「엑셀시오르」에 대해 프티파는 관객을 타락시키고 발레를 죽이는 것이라고 맹렬히 비판했다. 하지만 비판의 대상을 완전히 배제하고 무시한 것이 아니라 자신의 안무작에 그것을 들여와 예술적 차원으로 끌어올림으로써 「잠자는 미녀」가 「엑셀시오르」를 압도할 수 있도록 만들어냈다. 프티파가 「잠자는 미녀」와 「백조의 호수」 초연에 기교로 유명한 이탈리아 발레리나 카를로타 브리안차(1867~1930)와 피에리나 레냐니(1863~1930)를 주역으로 내세울 수 있었던 것도 예술성에 대한 자신감이 있었기에 가능했던 것으로 볼 수 있다. 그리고 프티파의 이런 시도는 성공적이었음을 역사는 증명한다. 오늘날 「엑셀시오르」가 역사 속 볼거리 중 하나의 재현으로서만 의미를 지니는 것에 반해 「잠자는 미녀」는 여전히 살아 숨 쉬는 생명력이 긴 예술 작품으로서 의미를 지니는 것이다.

지난 200여 년간 서구의 발레를 모방하고 변용해오던 러시아 발레는 프티파 시대에 와서야 독보적으로 러시아다운 발레를 만들어낼 수 있었다. 서구에서 온 발레가 드디어 러시아에서 만개했던 것이다. 차이콥스키와의 협업을 통해 프티파가 강조한 '춤과 미가 동시에 존재하는 진지한 예술'로서의 발레가 창작되었고 오늘날까지 전 세계 수많은 극장의 주요 레퍼토리로 남게 되었다. 「잠자는 미녀」는 마린스키극장에서 발레를 감상하던 어린 안나 파블로바에게 바로 그 극장에서 '잠자는 미녀'로 춤추길 꿈꾸도록 만든 발레였고, 어린 김기민에게 아무것도 이해하진 못했지만 보면서 울게 만들었던 발레였다. 「잠자는 미녀」는 게오르게 발란친(1904~83)의 말대로 '화려하고 빛나는 음악'을 가진 '차이콥스키 스타일'을 발레 속에서 창조해 낸 것이었다.

계획된 후속작을 통해 지속될 것 같았던 삼인조의 공동 작업은 프티파의 와병으로 무산됐다. 1892년 마린스키극장에서 초연된 2막 3장의 발레 「호두까기 인형」은 프세볼로시스키와 프티파가 대본을 썼고, 프티파가 쓴 음악 계획안이 차이콥스키에게 전해져 공동 작업이 다시 한번 성사될 것으로 기대되기도 했다. 하지만 안무는 결국 프티파가 아닌 부수석 발레 마스터였던 레프 이바노프(1834~1901)에 의해 완성됐다.

프티파와 차이콥스키의 다음 협업 작업은 비운의 실패작이 되었던 차이콥스키의 첫 번째 발레곡 「백조의 호수」가 될 예정이었다. 프티파는 체코인 바츨라프 라이징거(1828~93)가 안무한 모스크바 볼쇼이극장판 「백조의 호수」의 실패 원인이 음악이 아니라 연출에 있었음을 확신했기에 차이콥스키 음악을 이용해서 자신의 대본으로 상트페테르부르크 무대에 올릴 수 있도록 허가해 줄 것을 프세볼로시스키에게 요청했다. 프세볼로시스키는 동의했고 차이콥스키에게도 이런 계획을 전했다. 하지만 1893년 가을에 차이콥스키가 갑자기 사망하면서 안타깝게도 작곡가는 자신의 첫 번째 발레곡이 얼마나 아름답게 안무화될 수 있는지를 끝내 보지 못한 채 눈을 감았다. 차이콥스키의 사망으로 인해 대본 수정 작업은 작곡가의 동생 모데스트 차이콥스키(1850~1916)가 대신했고 음악 재구성 작업은 1886년부터 마린스키극장 지휘자이자 작곡가로 활동해 오던 이탈리아인 리카르도 드리고(1846~1930)와 프티프가 담당했다. 게다가 안무도 프티파의 건강상 이유로 인해 프티파와 이바노프가 나누어서 진행했다. 총 3막 4장으로 구성된 「백조의 호수」의 1막 1장과 2막은 프티파가, 1막 2장은 이바노프가 작업했고, 3막은 프티파와 이바노프가 공동으로 작업했다. (통상 장을 막의 개념으로 바꿔 1막과 3막은 프티파가, 2막은 이바노프가, 4막은 프티파와 이바노프가 공동으로 작업했다고 설명하기도 한다.) 이바노프가 안무한 1막 2장 호숫가 백조 장면은 차이콥스키 사망 이듬해인 1894년 차이콥스키 추모 공연에서 먼저 공개되어 큰 호응을 얻기도 했다.

프티파가 「잠자는 미녀」를 통해 러시아 고전주의 발레의 표준 형식을 확립했다면, 「백조의 호수」를 통해서는 테크닉과 스토리 간 긴밀한 연관 필요성을 역설했다고 볼 수 있다. 특히, 3막에 등장하는 지그프리트 왕자와 흑조 오딜의 2인무 '그랑 파드되'는 예술로서의 발레가 보여줄 수 있는 최고의 완성도를 자랑한다. 초고난도 기교를 보이는 흑조 오딜의 32회전 푸에테는 기교만을 위한 기교로 구성되어 '아크로바틱 훈련' 수준으로 전락해 버린 이탈리아 발레를 예술성을 앞세워 정면 비판하고 있다. 즉, 32회전 푸에테는 흑조 오딜의 강하고 사악한 캐릭터를 가장 효과적으로 보여줄 수 있는 테크닉이었던 것이고, 백조 오데트의 우아함과 연약함에 강하게 대조되면서 흑조 오딜과 백조 오데트의 성격상 대비를 상징적으로 보여주고 있다. 프티파의 기교는 목적을 위한 목적으로 전락하지 않고 작품의 특성과 등장인물의 성격을 선명하게 표현하기 위한 수단으로서 기능한다는 점에서 기교가 목적이 되어 버려 예술성은 상실한 유럽 발레, 특히 이탈리아 발레에 일격을 가한 것이었다. 「백조의 호수」가 오늘날에도 여전히 관객으로부터 큰 호응을 끌어낼 수 있는 이유는 다름 아닌 이런 기교와 예술성의 조화 덕분이라고 말할 수 있다. 그리고 이러한 조화는 안무뿐 아니라 차이콥스키의 음악을 통해서도 뒷받침된다는 점에서 의미가 있다. 프티파의 표현대로 '춤과 미가 주를 이루는 진지한 예술'로서 발레가 자리 잡을 수 있도록 한 장본인이 다름 아닌 프티파와 차이콥스키였다.

프티파는 차이콥스키와의 협업을 통해 이전에 외국인 작곡가들, 예를 들어 이탈리아 작곡가 체사레 푸니나 오스트리아 작곡가 루트비히 민쿠스와 작업할 때는 느끼지 못했던 음악의 중요성을 절감하게 됐는데, 알렉산드르 글라주노프(1865~1936)와의 협업을 통해 다시 한번 음악의 중요성을 확인할 수 있었다. 프티파는 차이콥스키를 '천재적인 러시아 작곡가'로, 글라주노프를 '재능 있는 작곡가'로 평가했다. 차이콥스키와 글라주노프처럼 수준 높은 러시아 작곡가들을 통해서 프티파는 안무에 종속된 수단으로서의 음악이 아닌 음악 자체만으로도 작품의 분위기를 전달할 수 있고 안무와 조화를 이루는 목적으로서의 음악을 만날 수 있었다. 1898년 마린스키극장에서 초연된 3막 4장의 발레 「레이몬다」는 프티파와 프세볼로시스키가 대본을 쓰고 글라주노프의 음악에 프티파가 안무를 구성한 작품이다. 차이콥스키의 발레곡들과 마찬가지로 글라주노프의 발레곡 역시 심포니적 구성을 띠고 있어 발레의 안무와 스토리 사이의 조화를 끌어낼 수 있었다. 발레 연구자 베라 크라숍스카야는 작곡가 글라주노프와 안무가 프티파가 공동으로 발레 공연에서 음악적 드라마투르기가 주도적인 역할을 하도록 했으며 무용극을 심포니화했다고 주장한다.

19세기가 저물어 가면서 황실극장에도 변화가 찾아왔다. 1899년 프세볼로시스키가 황실극장 감독직에서 물러났을 때 여든이 넘은 프티파는 자신의 생애도 저물고 있음을 직감했을 것이다. 프세볼로시스키에 이어 세르게이 볼콘스키 공작(1860~1937)이 감독직을 맡았는데, 그는 황실의 여러 인사(황태자 시절의 니콜라이 2세를 비롯하여 니콜라이 1세의 손자 세르게이 미하일로비치 대공과 알렉산드르 2세의 손자 안드레이 블라디미로비치 대공)와 염문을 뿌리며 막강한 힘을 행사하고 있었던 마린스키극장 프리마 발레리나 마틸다 크셰신스카야(1872~1971)와의 갈등으로 인해 취임 2년 후 사임했다. 볼콘스키 공작을 이어 1901년 6월 감독직에 오른 블라디미르 텔랴콥스키(1860~1924)는 근위병 출신이었다. 황실극장의 마지막 감독이 된 텔랴콥스키는 새로운 경향의 창작을 요구하며 노골적으로 프티파를 몰아내고자 했다. 그는 법적으로 프티파를 해고할 수 없음을 깨닫자 위원회를 설치하여 프티파의 입지를 줄이고자 했고 1904년 2월에 에르미타시극장에서 초연 예정이었던 프티파의 마지막 발레를 러일전쟁을 이유로 갑자기 취소시켜 버리기도 했다. 이 사건 이후 모욕감을 느낀 프티파는 극장에서 모습을 감추게 된다. 1907년까지 상트페테르부르크에서 머물던 프티파는 의사의 권유로 가족과 함께 크림반도로 요양차 떠났다가 1910년 7월 1일 구르주프에서 향년 92세를 일기로 생을 마감했다.

프티파는 1892년 열다섯 살의 딸 예브게니야가 사망했을 때 딸이 매장된 상트페테르부르크 볼콥스코예 루터교 묘지의 가톨릭 구역에 자신의 묫자리를 이미 사두었다. 그곳에는 프티파의 아버지(1855)와 동생(1873)이 매장되어 있었다. 프티파의 시신은 철로를 통해 크림에서 상트페테르부르크로 운구되어 왔다. 장례식에 참석한 극장 측 공식 인사는 없었다. 여름 휴가철이었음을 감안하더라도 이는 프티파에 대한 최소한의 예우조차 무시하려고 했던 텔랴콥스키의 의도를 적나라하게 보여주는 것으로 읽히기에 씁쓸함을 남긴다. 대신 프티파와 함께했던 무용수들(마틸다 크셰신스카야, 예카테리나 바젬(1848~1937), 파벨 게르트(1844~1917) 등), 작곡가 글라주노프, 작가이자 극장 비평가 알렉산드르 플레셰예프(1858~1944) 등이 참석하여 고인을 추모했다. 1948년에 프티파의 유해는 상트페테르부르크 알렉산드르 넵스키 대사원의 티흐빈스코예 묘지로 이장됐다. 이는 여러 공동묘지에 묻혀 있는 위대한 인물들의 유해를 하나의 '판테온'으로 모았던 프랑스 혁명가들의 전통에 따른 것이었다고 한다. 티흐빈스코예 묘지에는 차이콥스키가 이미 영면에 들어 있었고, 같은 사원 내 바로 옆에 있는 니콜스코예 묘지에는 프세볼로시스키가 영면에 들어 있었다. 프티파가 '멋진 시기'라고 불렀던 러시아 고전 발레의 황금기를 만들어냈고 공유했던 이들이 이곳에서 함께 잠들어 있는 것이다.

러시아의 극장 비평가이자 발레 연구자였던 바딤 가옙스키(1928~2021)는 프티파의 발레를 가리켜 '또 하나의 유럽을 향한 창'이라고 말한 바 있다. 18세기 초에 표트르 대제가 '유럽을 향한 창' 상트페테르부르크를 건설할 때 그 창을 통해 유럽의 선진 문화를 받아들이고자 했었다면, 19세기 말에 프티파가 만들어낸 '또 하나의 유럽을 향한 창'은 유럽의 문화를 받아들이기 위한 용도가 더는 아니었다. 20세기 목전에서 프티파가 만들어낸 '유럽을 향한 창'은 러시아의 발레가 유럽을 향해, 세계를 향해 뻗어나갈 수 있도록 존재하는 창이었다. 마린스키극장의 프리마 발레리나 올가 프레오브라젠스카야(1871~1962)가 자랑스럽게 말했듯이 '천재 프티파' 덕분에 러시아 발레는 유럽에서 경쟁자를 찾을 수 없게 되었다. 지난 두 세기가 넘는 동안 열심히 유럽을 받아들이고 학습했던 러시아는 이제 청출어람의 표본이 되어 유럽을 향해 지금 막 나가려던 참이었다.

세계로 나아가다: 프티파 이후의 러시아 발레

세르게이 댜길레프(1872~1929)가 조직한 발레단 '발레 뤼스'의 활동은 과거 200여 년간 밟아온 러시아 발레의 발전상을 응축적으로 보여준다. 드디어 러시아 발레가 서구를 좇아가던 과거에서 벗어나 서구를 선도하는 입장으로 방향이 전환됐기 때문이다. 미하일 포킨(1880~1941) 같은 유능한 안무가에 바츨라프 니진스키(1889~1950), 안나 파블로바(1881~1931), 타마라 카르사비나(1885~1978), 이다 루빈시테인(1883~1960), 올가 스페십체바(1895~1991) 등과 같은 스타 무용수들이 함께한 '발레 뤼스'를 통해 러시아 발레는 20세기 초부터 세계를 향해 나아가게 되었다. '동양'에 대한 서구의 환상과 관심이 ‘가공의 러시아적인 것’에 대한 관심으로 이어졌을 뿐 아니라 예술적 기량이 뛰어난 무용수들 덕분에 ‘발레 뤼스’의 인기는 아메리카 대륙으로까지 퍼져나갔다.

러시아가 19세기 말까지 서구의 발레를 모방하는 과정에서도 고집스럽게 지켜왔던 보수적인 방식의 안무와 교수법은 1917년 혁명 전후나 소련 시대 일류급 안무가와 무용수, 교육자들의 망명을 통해, 그리고 1991년대 소련 붕괴 이후 러시아 예술가들의 해외 유출(이민)과 공식 및 비공식 교류를 통해 전 세계에 전파되기도 했다. 멀리서 찾을 것도 없이, 한국 발레만 봐도 러시아의 영향력은 쉽게 파악된다. 1990년대 이후 한국 발레가 비약적인 발전을 이룰 수 있었던 데는 러시아 발레계와의 교류가 핵심 역할을 담당했음이 분명하다. 한편, 발레리노 김기민(1992~)의 경우는 우리에게 문화 교류의 중요성과 당위성에 대해 역설하기도 한다. 러시아 현지 유학을 통해 러시아 발레를 흡수했던 다른 한국 무용수들과는 달리 김기민은 한국에서 러시아인 교육자들에 의해 러시아 발레를 알아가게 되었다. 한국예술종합학교에서 블라디미르 김(1960~)과 마르가리타 쿨릭(1964~)을 사사한 김기민은 2011년 마린스키극장 발레단에 견습단원으로 입단한 뒤 2012년에는 솔리스트로, 2015년에는 수석 무용수로 승급되어 현재까지 다양한 배역을 훌륭히 소화해 내고 있다. 김기민의 사례는 표면적으로는 한국 발레의 성장과 쾌거로 이해될 수 있지만, 심층적으로는 세계 곳곳으로 뻗어나간 러시아 발레의 영향력을 보여준다는 점에서 의미심장하기도 하다.

여기서 1880년대 모스크바 볼쇼이극장의 운명을 한번 떠올려 보는 것도 좋을 것 같다. 러시아의 여러 황실극장이 상트페테르부르크의 감독에 의해 총괄 관리되던 시절에 모스크바 볼쇼이극장은 폐쇄될 위기에 처하기도 했다. 발레에 대한 관객의 관심이 줄어들게 되자 상트페테르부르크 관리부에서는 볼쇼이극장을 폐쇄하려는 계획까지 갖고 있었다. 하지만 다행히 러시아 예술에 누구보다 진심이었던 프세볼로시스키가 황실극장 감독으로 재직하는 동안 프티파와 함께 극장 폐쇄 문제를 종결시킬 수 있었다. 그로부터 100여 년이 지났을 때 볼쇼이극장은 소련 붕괴로 인해 다시 위기에 빠진다. 하지만 100년이란 시간 동안 발레 덕분에 극장의 위상은 완전히 달라져 있었다. 소련 해체 이후인 1990년대 볼쇼이극장은 자금 부족으로 극장 운영에 큰 어려움을 겪고 있었음에도, 극장 폐쇄라는 것은 감히 상상조차 할 수가 없었다. 1880년대 볼쇼이극장과 비교하여 1990년대 볼쇼이극장은 위상이 비고할 수도 없을 만큼 높아져 있었기 때문이었다. 20세기 이후의 볼쇼이극장은 러시아만의 극장이 더는 아니었다. 그리고 이는 비단 볼쇼이극장에만 한정된 것도 아니었다. 경제 위기 속에서도 러시아 발레 극장들이 살아남을 수 있었던 것은 러시아 예술, 러시아 발레의 힘을 정확히 파악하고 있었던 서구의 지원 덕분이기도 했다. 그리고 러시아 발레가 이렇게 힘을 가질 수 있게 만들어 준 프티파와 차이콥스키 덕분이기도 했다. 세계 발레 극장의 레퍼토리에서 프티파와 차이콥스키의 작품들이 사라지지 않는 한 '프티파의 시대'는 여전히 지속될 것이고 러시아 발레의 위상도 유지될 것이다. 러시아 발레의 예에서 보듯이 문화는 수용과 변용을 거쳐 발전과 지속의 가능성을 보장받기 때문이다.

참고문헌

랴자놉스키, 니콜라스 V. & 스타인버그, 마크 D 『러시아의 역사』. 조호연 역. 서울: 까치, 2011/2016.

한양대학교 아태지역연구센터 러시아·유라시아 연구사업단 편. 『우리에게 다가온 러시아 발레』. 서울: 뿌쉬낀하우스, 2021.

호먼스, 제니퍼. 『아폴로의 천사들: 발레의 역사』. 정은지 역. 서울: 까치, 2014.

Агеева, О. Г. "Императорский двор России XVIII в.: между европеизацией и традицией." *Российская история*, No. 1 (2014).

Аронова, А. "Коронационные декорации как политический текст: Екатерина I — Екатерина II." *Актуальные проблемы теории и истории искусства,* No. 8 (2018).

Бахрушин, Ю. А. *История русского балета*. СПб.: Изд. «Лань»; «Планета музыки», 2009.

Гаевский, В. *Дом Петипа*. М.: Артист. Режиссер. Театр, 2000.

Горина, Т. Н. "Мариус Петипа в Санкт-Петербурге." *Вестник Академии Русского балета им. А. Я. Вагановой,* No. 2(61), 2019.

Демин, А. С. "Русские пьесы 1670-х годов и придворная культура." *Труды Отдела древнерусской литературы*. Т. 27. Л.: Изд-во АН СССР, 1972.

Красовская, В. *Русский балетный театр второй половины XIX века*. Л.: Искусство, 1963.

Красовская, В. *Русский балетный театр от возникновения до середины XIX века.* М.; Л.: Искусство, 1958.

Нехендзи, А. (сост.) *Мариус Петипа: Материалы. Воспоминания. Статьи*. Л.: Искусство, 1971.

Топорков, И. “Как южнокорейский танцовщик Кимин Ким стал суперзвездой Мариинского театра.” Собака.ru, 20 июля 2020. https://www.sobaka.ru/entertainment/ballet/110870? (검색일: 2022.03.20).

Черная, Л. *Повседневная жизнь московских государей в XVII веке.* М.: Молодая гвардия, 2013.

Ярхо, В. *Иноземцы на русской службе. Военные, дипломаты, архитекторы, лекари, актеры, авантюристы...* М.: Изд. «Ломоносовъ», 2015.

제4장

웨스트 씨의 모험

러시아 영화와 서구인 이미지

라승도

4

영화의 도착

기원 시점부터 현재까지 러시아 영화사에서 일관되게 나타나는 현저한 양상 가운데 한 가지는 다양한 외래 요소의 유입과 수용, 존재이다. 잘 알려졌듯이, 1896년 5월 4일 러시아 제국의 수도 상트페테르부르크의 아쿠아리움 파크에서 세계 최초의 영화로 기록되는 「기차의 도착」(1895)을 포함한 뤼미에르 형제의 필름이 처음 상영됐다. 그로부터 두 달 후인 7월 4일 당시 젊은 작가였던 막심 고리키(1868~1936)는 전러시아박람회에서 열린 뤼미에르 형제의 영화 상영회에 갔던 경험을 '그림자 왕국' 방문으로 표현하기도 했다. 이때부터 10여 년간 러시아 영화 제작과 배급, 상영은 프랑스 출신의 영화 제작자이자 흥행주인 샤를 파테(1863~1957)와 레옹 가몽(1864~1946)의 회사 등 외국계 영화사들이 독차지했다. 따라서 이 시기에 러시아 관객들은 주로 외국에서 찍은 이국적 풍경의 낯설고 신기한 이미지를 일방적으로 볼 수밖에 없었다.

이런 상황은 1907년과 1908년에 알렉산드르 드란코프(1886~1949)와 알렉산드르 한존코프(1877~1945)가 영화사를 각각 설립하고 러시아산 풍경 이미지를 선보이면서 차츰 시정되기 시작했다. 그러나 두둑한 자본과 탄탄한 인적·물적 인프라를 앞세운 외국 영화사들이 초창기 러시아 영화산업에서 여전히 강력한 존재감을 발휘하고 지배적 영향력을 행사하며 러시아 영화 발전에도 일조했다. 예를 들면, 프랑스 영화사 고몽의 러시아 지사에서 경력을 쌓은 뒤 1909년 러시아에 자체 영화사를 설립하고 프로듀서로 왕성한 활동을 펼친 독일인 파울 티만(1881~?)은 블라디미르 가르딘(1877~1965), 야코프 프로타자노프(1881~1945), 프세볼로트 메이에르홀드(1874~1940) 등을 연출가로 고용했다. 그리고 이들은 1917년 10월 볼셰비키 사회주의 혁명 이전에만 아니라 이후에도 혁혁한 업적을 남기며 러시아 영화 예술 발전에 크게 이바지했다.

이처럼 러시아 영화사 초창기부터 두드러지기 시작한 외래 요소의 망각한 영향력이나 뚜렷한 존재감은 러시아 최초의 극영화로 기록되는 블라디미르 로마시코(1862~1939)의 「스텐카 라진」(1908)에서 이국적 인상을 짙게 풍기는 페르시아 공주의 이미지에서도 분명하게 나타난다. 그러나 초창기 러시아 영화에서 외국인 이미지와 관련하여 훨씬 더 중요한 양상은 주로 유럽과 미국 등 서구 세계 인물들이 러시아 스크린에 꾸준하게 등장하고 묘사됐다는 점이다. 실제로, 한편으로는 서유럽산 수입 영화를 통해서 프랑스 코미디 배우 막스 린더(1883~1925) 등이 연기한 인물들이 러시아 관객의 시선을 사로잡았다. 다른 한편으로는 「스페이드의 여왕」(1916)과 「작은 엘리」(1918) 같은 각색 영화들에서 야코프 프로타자노프가 묘사한 외국인 인물들이 러시아 스크린에 이국적인 분위기를 강화하기도 했다.

그러나 이보다 훨씬 더 흥미로운 점은 외국인 인물의 제시와 묘사가 1917년 10월 사회주의 혁명 이후 국유화 등으로 급변한 러시아 영화산업에서 분명한 이념적 성격과 선전적 목적을 띠고 이뤄졌다는 것이다. 이는 무엇보다도 1920년대 소비에트 아방가르드 영화의 형식적 실험에서 선구자로 알려진 레프 쿨레쇼프(1899~1970)의 창작 활동에서 가장 분명하게 찾아볼 수 있다. 소련 영화학자 로밀 소볼레프(1926~91)의 설명에 따르면, 쿨레쇼프는 1918년 작 「엔지니어 프라이트의 프로젝트」로 "내용에서도 형식에서도 혁명적인 영화를 창조하고자 시도했다." 이 영화는 특히 서구 자본주의 세력의 악랄한 책략에 맞서 싸워 승리하는 엔지니어 프라이트와 노동자들의 연대가 혁명적인 내용을 구성하는 가운데 주인공을 포함한 인물들과 시공간, 주요 행위와 사건 등 모든 요소가 바로 외국을 무대로 펼쳐지는 것이 매우 인상적이다.

웨스트 씨, 볼셰비키 나라의 아메리칸

그로부터 8년 뒤인 1924년에 쿨레쇼프는 코미디 영화 「볼셰비키 나라에서 웨스트 씨가 겪은 이상한 모험」을 만든다. 흥미롭게도 여기서 그는 1917년 러시아 혁명 이후 볼셰비키 권력이 들어선 모스크바를 배경으로 미국인 웨스트(West) 씨와 그의 경호원 제디를 등장시킨다. 그는 웨스트와 제디, 엘리 등 미국인들의 도입과 묘사를 통해서만 아니라, 더 나아가 서부극 스타일 등 미국 영화 기법들의 동원과 적용을 통해서도 볼셰비키 국가의 안전성과 사회주의 체제의 우월성을 강조하고 선전한다. 이와 함께 쿨레쇼프는 웨스트가 볼셰비키 나라에 오기 전 미국에서 접했던 야만국으로서 러시아의 부정적 이미지, 다시 말해 루소포비아(러시아 공포증)가 서구 세계에서 만들어진 인위적인 이미지였음을 폭로함으로써 분명한 정치적 메시지를 전달한다.

쿨레쇼프의 영화는 미국인 사업가이자 기독교청년회(YMCA) 총재인 J. 웨스트가 볼셰비키 나라를 방문한다는 소식과 함께 시작한다. 러시아 방문을 앞둔 어느 날 아침에 웨스트는 편지 한 통과 함께 잡지가 든 가방을 누군가에게서 전달받는다. 편지에는 "볼셰비키 나라를 방문하려는 귀하의 계획에 대해 알고 현재 야만적인 러시아인들의 모습을 묘사한 뉴욕 잡지를 귀하께 보냅니다. 경호원 대동과 무기 소지를 생각해보길 권합니다"라고 쓰여 있다. 실제로 가방 속 잡지에는 "야만적인 러시아"의 "볼셰비키 유형"이 덥수룩한 머리와 짙은 콧수염에 털가죽점퍼를 걸친 무서운 남자의 모습으로 그려져 있다. 웨스트의 아내는 이를 보고 깜짝 놀라서 "여보, 제디를 경호원으로 데리고 가세요. 그가 이 짐승들로부터 당신을 지켜줄 거예요"라고 남편에게 말한다. 여기서 알 수 있듯이, 웨스트가 방문하려는 볼셰비키 나라는 미국에서 볼 때 "짐승들"과 진배없는 "야만적인 러시아인들"로 가득하다. 달리 말하면, 볼셰비키 러시아는 문명국이 아닌 야만국으로 무기를 소지한 경호원을 대동해야 할 정도로 위험천만하다.

한 달 후 이른 아침에 웨스트와 경호원 제디가 드디어 볼셰비키 나라의 수도 모스크바에 도착한다. 그리고 두 사람이 모스크바에 당도한 순간부터 볼셰비키 러시아는 그들이 미국에서 전해 들었던 것과 다르지 않게 야만국으로 보이기 시작한다. 제디가 웨스트의 자동차에 수화물을 싣는 동안 웨스트는 서류가방을 자동차 뒷바퀴 덮개 위에 올려놓고 미국 성조기 무늬가 들어간 양말을 갈아신으며 잠시 한눈을 파는데, 이때 떠돌이 고아로 보이는 러시아 소년이 멀리에서 지켜보고 있다가 살그머니 다가와서 그의 가방을 훔쳐 달아나버린다. 곧이어 웨스트가 가방을 잃어버린 것을 알고 당황해하자 제디는 “이 야만적인 나라에서 제가 주인님을 보호해드리겠다”라고 다짐한다. 이런 식으로 볼셰비키 러시아는 웨스트가 미국에서 익히 들었던 것처럼 실제로 ‘야만국’임이 암시된다.

그러나 웨스트와 제디가 볼셰비키 러시아에서 ‘이상한 모험’을 통해 마주친 ‘야만국’과 ‘야만인’은 결국 영화 마지막 부분에 가서 미국 잡지들이 만들어낸 ‘루소포비아’의 그릇된 이미지였던 것으로 밝혀진다. 이에 앞서 웨스트가 모스크바에서 맞닥뜨린 야만적인 모습의 볼셰비키들도 사실은 사기꾼 즈반이 부유한 미국인 사업가에게서 돈을 뜯어낼 셈으로 꾸민 음모극에 가담한 가짜 볼셰비키들이었다. 진짜 볼셰비키의 이미지는 즈반의 사기 행각을 추적하여 즈반과 그의 일당, 그의 주문에 따라 볼셰비키 행세를 한 건달들을 일망타진하고 그들에게서 웨스트를 구출하여 그에게 모스크바의 진면모를 직접 소개하는 러시아 경찰관(비밀경찰 체카 요원)의 믿음직한 모습에서 나온다. 이런 점에서 볼 때 경찰관은 웨스트의 경호원인 제디와 극명한 대비를 이룬다. 제디는 웨스트가 가방을 잃어버렸다는 말을 듣고 "주인님을 보호해드리겠다"고 호언장담했지만, 결국 처음부터 끝까지 자신의 주인을 제대로 지켜주지 못했다. 이런 제디와 달리 경찰관은 웨스트를 둘러싼 위험으로부터 그를 구해 주고 더 나아가 볼셰비키 러시아의 야만성이 아닌 발전상을 그에게 보여주며 인식론적 대전환을 완성한다.

이와 관련하여 흥미로운 점은 다름 아닌 경호원 제디가 무법성과 야만성을 다른 누구보다도 더 많이 드러낸다는 것이다. 제디의 이런 모습은 웨스트의 차 지붕 위에서 길 위로 떨어진 트렁크를 되찾아서 돌아오다가 갈림길에서 지나가는 다른 차를 자신의 주인 차로 혼동하여 뒤쫓아가는 과정에서 빚어진 일련의 추격 장면에서 극명하게 나타난다. 10여 분에 걸쳐 빠른 속도로 펼쳐지는 제디의 추격 장면은 그가 카우보이 총잡이처럼 차려입은 데서도 알 수 있듯이 미국 서부영화에서 보이는 익숙한 장면들을 우스꽝스럽게 패러디한 것이다. 서부영화에서는 추격 장면이 주로 끝없는 황야나 험준한 산악을 배경으로 펼쳐지지만, 쿨레쇼프의 영화에서는 한겨울 모스크바의 눈 덮인 거리와 골목, 건물을 종횡무진으로 누빈다. 또 서부극에서는 쫓고 쫓기는 사람들이 대부분 말을 타고 달리고 높은 언덕이나 산비탈을 오르내리지만, 이 영화에서는 제디와 모스크바 경찰들이 썰매 마차와 자동차, 오토바이를 타고 눈이 잔뜩 쌓여 미끄러운 거리를 아슬아슬 내달리고 높은 건물벽을 아찔하게 기어오르고 전기줄을 타고 건물 사이를 건넌다.

게다가 이 추격 장면에서 제디는 지나가는 썰매 마차를 향해 권총을 난사하며 멈춰세워 빼앗으려고 한다. 권총을 쏴도 마차가 멈추지 않자 이번에는 허리춤에 차고 있던 밧줄을 던지고 마부를 낚아채서 길가에 서 있는 커다란 나무에 칭칭 감아서 꼼짝 못하게 묶어 놓는다. 이때 제디는 저항하는 마부를 겁박하려고 권총을 쏘아대는데, 마침 이곳을 지나가던 말쑥한 차림의 중년 여성이 총소리에 기겁하면서 우스꽝스럽게 쓰러진다. 근처에 있던 다른 사람들도 제디가 벌이는 무법적, 야만적 행동에 죄다 겁을 집어먹는다. 이렇게 한바탕 큰 소동을 일으키고 나서 제디는 마부에게서 강탈한 썰매 마차를 몰고 주인 차를 찾아서 다시 달려간다. 곧이어 경찰들이 그의 뒤를 쫓아가기 시작하면서 추격 장면은 절정으로 치닫는다. 추격의 대미는 제디가 경찰들을 따돌리고 뛰어들어간 도서관에서 난장판 주먹다짐으로 장식된다. 여기서 지식과 교양, 문화의 전당인 도서관은 특히 제디의 난폭하고 야만적인 이미지와 현저하게 대비된다.

제디는 경호원으로서 웨스트를 제대로 보호하기보다는 오히려 무법을 저지르고, 즈반의 표현을 따르면, “세계에서 가장 문화적인 국가”의 시민답게 질서를 지키기보다는 혼란만 가중시켰다. 한편 그의 주인인 웨스트는 자기 주변에서 벌어지는 상황을 주시하고 사건의 본질을 파악하여 위기에서 벗어나려고 주체적으로 노력하기보다는 사기꾼들의 어설

퍼 보이는 음모에 계속해서 끌려가며 당하기만 하는 피동적·소극적인 존재일 뿐이다. 이와 함께 웨스트는 자본주의 국가의 부유한 사업가임을 은연중에 자랑이라도 하듯이 사기꾼들이 이런 저런 구실을 대며 돈을 요구할 때마다 이곳 저곳 주머니에서 천 달러씩 서슴없이 내어준다. 이처럼 웨스트는 물질적으로 부족할 것이 없지만, 정신적으로 뭔가 조금 모자라는 것처럼 묘사된다. 이 점은 그가 러시아에 처음 도착했을 때 부주의로 가방을 잃어버렸을 때나 즈반 일당이 자신에게 접근하여 어설픈 속임수로 사기 행각을 벌여도 전혀 눈치채지 못할 때도 확인할 수 있다. 한마디로 그는 주의력과 판단력, 이해력이 모두 떨어지는 우스꽝스러운 인물로 보일 뿐이다.

웨스트와 제디는 볼셰비키 러시아가 '야만국'이라고 철석같이 믿고 생각했지만, 막상 '야만국'에 와보니 그들이 오히려 야만적이거나 분별력이 굉장히 모자랐다. 쿨레쇼프의 영화에서 미국인 웨스트와 제디로 대표되는 서구인이 러시아에 와서 각성과 계몽의 과정을 거칠 수밖에 없는 이유가 여기에 있을 것이다. 실제로, 영화 마지막 장면에서 웨스트가 모스크바 시내를 둘러볼 때 대학과 볼쇼이극장, 산업현장과 라디오 송신탑이 제시되는데, 이 모든 변화상을 경험하고 뭔가 깨달은 듯이 웨스트는 미국에 있는 아내에게 이렇게 말한다. "소비에트 러시아에서 안부 전합니다. 뉴욕 잡지를 불태워버리고 서재에 레닌 초상화를 걸어두세요! 볼셰비키 만세!" 결론적으로 이 영화에서 쿨레쇼프는 표트르 대제의 현대화 때부터 오랫동안 이어져 온 러시아의 서구화 필요성이 아니라 오히려 러시아에 대한 태도에서 서구(인)의 각성과 계몽이 필요함을 역설한다.

마리온 딕손, 서구인에서 소련인으로

「볼셰비키 나라에서 웨스트 씨가 겪은 이상한 모험」은 영화사적으로 중대한 전환점을 표시한다. 바로 이 영화를 기준으로 소련 시대는 물론이고 소련 해체 이후에도 러시아 영화에서 서구인의 등장과 묘사는 주로 소련 사회주의 체제의 우수성과 우월성을 선전하거나 러시아 전통과 가치를 강조하고 긍정하는 데 활용됐기 때문이다. 예를 들어 1930년대 스탈린 시대에 그리고리 알렉산드로프(1903~83)는 뮤지컬 코미디 영화 「서커스」(1936)를 통해 미국에서 백인 여성 마리온 딕손이 흑인 아이를 낳았다는 이유로 인종차별과 혐오의 대상으로 핍박을 받다가 소련으로 건너와서 마침내 진정한 자유와 평등을 누리는 이야기를 보여준다. 이 영화에서 미국인 여성의 등장과 묘사는 궁극적으로 차별과 착취가 만연한 미국 등 서구 자본주의 체제보다 관용과 포용의 소련 사회주의 체제가 훨씬 더 우월하다는 점을 강조하고 선전하는 데 동원된다.

「서커스」는 중절모를 쓴 미지의 남성이 펼쳐 든 미국 남부 지역 신문 「써니빌 쿠리어」 1면을 보여주며 시작한다. 이때 '마리온 딕손, 세상을 떠들썩하게 하는 스캔들의 중심에 선 인간 폭탄'이라고 쓴 기사 제목과 스캔들의 장본인으로 보이는 화려한 공연복 차림의 여성 사진이 보인다. 곧이어 난폭한 군중이 남녀노소 가리지 않고 왁자지껄 소리치며 서커스장에서 쏟아져 나와 한 여성의 뒤를 사납게 쫓아가는 장면이 나온다. 그녀를 붙잡으면 때려 죽일 듯이 이들의 손에는 돌과 몽둥이가 들려 있다. 반면 쫓기는 여성은 안간힘을 쓰고 달리면서도 갓난아기를 감싼 보자기를 품 안에 조심스럽게 안고 있다. 그녀는 기차역으로 들어가서 때마침 어디론가 떠나는 열차의 뒤꽁무니에 가까스로 올라타고 돌팔매를 던지며 쫓아오는 성난 군중을 마침내 따돌린다. 열차에 올라탄 여성은 곧이어 어느 객실로 허겁지겁 뛰어들어가서 그곳에 혼자 있던 어느 신사의 품에 안겨 쓰러진다. 공교롭게도 신사는 마리온 딕슨의 스캔들 기사가 실린 신문을 손에 들고 있었고 자신의 객실에 갑자기 뛰어든 여성의 얼굴을 보고 그녀가 신문에 보도된 스캔들의 당사자임을 단박에 알아차리고 묘한 표정을 짓는다.

그러나 미국의 열차 객실에서 마리온에게 구원의 손길을 내민 것처럼 보였던 신사는 그녀가 백인 여성으로 흑인 아이를 낳아 기르는 곤란한 상황에 놓여 있음을 간파하고 사악하게도 이를 자신의 이익 창출에 이용해 먹기 시작한다. 독일인 극장 흥행주 크네이시츠로 밝혀지는 이 신사는 마리온을 데리고 미국에서 소련으로 건너간다. 곧이어 영화의 시공간이 미국에서 소련으로 바뀐 장면에서 서커스장에 모인 관객들은 영화 첫 장면에 나오는 미국 서커스장에서 쏟아져 나오는 군중의 폭력적 이미지와 달리 마냥 흥겹고 너그러운 모습이다. 영화 초반부에 제시되는 이런 분위기 전환은 후반부에서 마리온의 비밀을 폭로하여 그녀를 곤경에 빠뜨리려는 크네이시츠의 악랄한 음해가 실패로 끝난 이후 서커스장에 모인 관객들이 보이는 즐겁고 관대한 태도를 예시하고 있어 흥미롭다. 실제로 크네이시츠는 마리온이 자신의 공연 파트너인 마르티노프와 사랑에 빠지면서 그의 의도대로 움직이지 않자 앙심을 품고 그녀가 백인 여성인데도 흑인 아이를 모르게 낳아 기르고 있다는 사실을 서커스장에서 만천하에 공개한다. 하지만 그의 예상과 달리 소련 관객들은 마리온의 흑인 아이 지미를 차례로 따듯하게 안아주고 심지어는 모두가 만면에 웃음을 지어면서 자장가까지 불러준다.

소련 관객이 보여주듯이, 자본주의 체제의 미국과 대조적으로 사회주의 체제의 소련에서는 피부 색깔이 달라도 누구나 평등하고 자유로운 인간으로 정당하게 대접받고 있음이 분명하게 강조된다. 다시 말해 소련에서는 인간 차별과 혐오, 착취가 존재하지 않고 그 대신 인간 자유와 평등, 관용과 포용, 통합과 존중이 절대적으로 보장된다. 이런 점에서 영화 마지막 부분에 가서 마리온이 억울하게 핍박받던 서구인에서 자유롭고 존중받는 소련인으로 거듭나는 일련의 과정은 매우 흥미롭다. 특히, 마리온의 변신은 단순히 서커스 곡예사로 멋진 공연을 선보이고 소련 사회의 이상적 남성상을 보여주는 마르티노프와 사랑에 빠지는 것으로만 그치지 않는다. 더 나아가 그녀는 다름 아닌 음악예술과 체육을 통해 정신적·신체적으로 사회주의 문화에 완전하게 동화됨으로써 서구인에서 소련인으로 자연스럽게 탈바꿈한다.

먼저, 「서커스」에는 바실리 레베데프-쿠마치(1898~1949)가 쓴 가사에 이삭 두나옙스키(1900~55)가 곡을 붙여 만든 노래인 「조국찬가」가 주제가로 설정되어 있고 마리온과 마르티노프가 이 노래를 함께 부르는 장면이 영화 전반부와 후반부에 각각 한 번씩 나온다. 그러나 「조국찬가」를 처음부터 완벽하게 부르는 마르티노프와 달리 미국에서 소련으로 건너온 지 얼마 되지 않은 외국인이었던 마리온은 전반부에서 이 노래를 완벽하게 소화하지 못한다. 이후 그녀는 크네이시츠의 음해에서 벗어나고 마르티노프와 사랑에 빠지고 서커스에서도 그와 환상적인 호흡으로 멋진 공연을 펼치는 등 일련의 과정을 거쳐 소련 시민으로 융화될 때 비로소 다른 사람들과 합창으로 「조국찬가」를 우렁차게 부른다. 다음으로, 마리온은 영화 마지막 장면에서 서커스장을 벗어나서 붉은광장으로 이동하여 노동절 행진에서 「조국찬가」를 마르티노프와 함께 합창하며 힘차게 걷는다. 이때 순백의 행진복을 맞춰 입고 다른 사람들과 무리를 지어 걷는 그녀의 절도 있는 모습은 건강한 육체미로 빛나는 소련 시민의 이상적 이미지를 보여준다.

붉은광장에서 위풍당당 행진하는 마리온은 마침내 소련 사회에서 자유를 마음껏 누리는 모습으로 제시된다. 흥미롭게도 이 점은 영화 맨 마지막 부분에서 행진에 맞춰 합창으로 울려 퍼지는 「조국찬가」의 가사 내용으로도 확인된다. "나의 조국은 드넓다. 그 안에는 숲과 들과 강이 많다. 나는 인간이 그토록 자유롭게 숨을 쉬는 그런 다른 나라를 알지 못한다." 이렇게 시작하는 「조국찬가」는 오늘날 러시아의 집단 기억 속에 여전히 깊이 남아 있을 만큼 커다란 민족적 자부심을 일깨우는 애국적 가사 내용으로 많은 사람의 사랑을 받고 있다. 여기서 '드넓다'라는 말은 끝없이 펼쳐진 러시아 영토의 무한함과 위대함을 강조하기도 하지만, 그와 동시에 러시아 정신과 성격을 특징짓는 인간 내면의 자율성과 자발성, 개방성을 함의하기도 한다. 따라서 「서커스」에서 마리온과 마리티노프가 합창하는 「조국찬가」는 소비에트 러시아가 광활한 영토만큼이나 내적으로도 누구에게나 넓게 열려 있으며 인종적, 종교적, 언어적으로 다양한 민족이 어떤 차별도 받지 않고 자유롭게 숨 쉬고 살아가는 목가적 이상향임을 시사한다.

시베리아의 서구인들

알렉산드로프의 「서커스」가 나온 지 약 10년 뒤인 1947년에 미하일 롬(1901~71)은 냉전 시대를 대표하는 영화 가운데 하나인 「러시아 문제」를 만든다. 이 영화에서 롬은 미국 신문 특파원 해리 슈미트가 소련을 실제로 방문하고 나서 자신이 이전에 알고 있던 소련의 부정적 이미지와 전혀 다른 발전한 사회주의 국가의 참모습을 목격하고 진실을 알리는 용감한 행보를 보여준다. 이는 쿨레쇼프의 영화에서 웨스트가 소련에 와서 기상천외한 모험을 겪은 이후 자신이 미국에서 듣고 뉴욕 잡지에서 봤던 소련의 야만적 이미지가 허상이었음을 깨닫는다는 내용과 크게 다르지 않다. 이처럼 냉전 시대 서구 세계에서 왜곡된 러시아 이미지를 바로잡으려는 시도는 1960년 해빙기에 나온 알렉산드로프의 또 다른 코미디 영화 「러시아 선물」에서도 뚜렷하게 감지된다. 이 영화는 서구 세계 관광객들을 태우고 베이징으로 가던 비행기가 바이칼호수 부근 시베리아 지역에 불시착하면서 벌어지는 이야기를 보여준다. 「러시아 선물」에서는 특히 스탈린 시대 정치 박해와 강제노동수용소로 대표되는 시베리아에 대한 서구인들의 부정적 선입견이 산업 발전과 현대화 장소로 완전히 탈바꿈한 시베리아의 변화상을 통해 불식된다.

주로 미국과 이탈리아에서 온 서구 관광객들은 시베리아 강과 들과 숲에서 대대적으로 벌어지는 사회주의 건설현장들을 방문하여 현지 여성 안내자의 소개로 시베리아의 변화상을 직접 목격한다. 이 과정에서 서구 세계에서 시베리아를 둘러싸고 형성됐던 부정적 인식이 긍정적으로 차츰 변화하기 시작한다. 이런 변화는 영화에서 미국인 백만장자의 전기 작가인 호머 존스가 처음에 소련을 굉장히 부정적으로 바라보다가 시베리아 현장에서 목격한 새로운 사회주의 생활과 문화를 접하고 나서 이에 대해 지지하고 선전하기까지 하는 행보를 보이는 데서 분명하게 찾아볼 수 있다. 이와 함께 알렉산드로프의 「러시아 선물」은 시베리아 지역의 현대화를 바라보는 기대지평에서 노출되는 자본주의와 사회주의 가치관 사이의 현저한 대비 양상도 주목할 만하다. 미국인 백만장자는 시베리아 호수의 아름답고 매혹적인 자태에 반한 나머지 이곳에 미국 네바다의 라스베가스처럼 관광호텔과 카지노, 나이트클럽 등 유흥단지를 건설하면 좋겠다고 말한다. 그러나 러시아 여성 안내자는 아름다운 호숫가에 누구나 쉽게 향유할 수 있는 휴양시설과 문화단지를 건설하고 싶다고 밝힌다.

이처럼 소련 시절 러시아 영화에서 서구인의 등장과 묘사는 서구적 가치와 러시아 가치의 대비를 보여주고 러시아의 정신적 우월성을 강조하는 데 변함없이 활용된다. 이는 엘다르 랴자노프(1927~2015)의 1973년 코미디 영화 「러시아에서 이탈리아인들이 겪은 믿기 어려운 모험」에서도 잘 드러난다. 이 영화는 1970년대 초 레닌그라드를 배경으로 한 '보물찾기' 소동을 통해서 이탈리아인들로 대표되는 서구 세계의 물질적 탐욕성과 러시아의 정신적 관대성을 대조적으로 보여준다. 특히 이탈리아가 대표하는 서구 세계와 러시아 사이에 형성되는 대비 구도는 안드레이 타르콥스키(1932~86) 등 당시 소련 영화감독들의 작품에서도 현저하게 나타난다. 이처럼 서구인의 등장과 묘사를 통해 서구 세계와 러시아 사이에 형성되는 대비 대립 전통은 1991년 붕괴 직전까지 소련 시대 내내 이어진다. 이런 전통을 보여주는 소련 해체 직전의 영화로는 표트르 토도롭스키(1925~2013)의 「인터걸」을 들 수 있다. 흥미롭게도 이런 전통은 1991년 소련 붕괴 직후 러시아 영화에서도 계속해서 이어지는데, 대표적인 작품으로는 유리 마민(1946~)의 코미디 영화 「파리를 향한 창」(1993)을 들 수 있다.

페테르부르크의 파리지엔느

1993년에 나온 「파리를 향한 창」은 소련 시절 인기 영화들이 기록했던 수준에 버금가는 흥행 성적을 올린 소련 해체 이후 최다 관객 동원 영화이자 1990년대 최고 화제작 가운데 하나였다. 「파리를 향한 창」이 거둔 '상당한 성공'은 소련 해체 직후 완전히 붕괴한 영화 제작 지원과 배급 시스템을 고려할 때 놀라운 현상이었다. 그러나 영화 속 이야기는 생각보다 비교적 단순하고 사건들도 심각하기보다는 코미디답게 우스꽝스럽다. 우울하고 우중충한 도시 상트페테르부르크의 어느 학교에서 음악선생으로 일하는 니콜라이 치조프는 어느 날 동화에서나 나올 법한 신기한 통로를 발견하고 이곳을 통해 갑자기 프랑스 파리로 이동한다. 이렇게 치조프가 우연히 처음으로 파리에 다녀온 뒤로 이웃 사람들도 이곳을 통해 하나둘씩 파리에 드나들기 시작한다.

이 영화는 페테르부르크 주민들이 기적 같은 창문을 통해 '유럽의 수도' 파리로 가서 짧으나마 각자 다양한 방식으로 서구 사람들의 생활양식을 경험한다. 이 과정에서 니콜라이는 파리의 한 건물 옥상에 사는 파리지엔느 니콜을 만나 사랑에 빠진다. 한편 공동주택에 사는 이웃들은 이 창문을 통해 파리에 가서 가져올 수 있는 것이면 무엇이든 가져오려고 한다. 또 니콜라이와 함께 브라스밴드에서 일하는 동료들도 그를 따라 파리에 가는데, 이들은 낯선 도시를 돌아다니다 그만 길을 잃고 만다. 이와 함께 니콜라이의 어린 학생들도 그를 따라 파리 구경에 나섰다가 거리를 헤매게 된다. 나중에 이들은 파리가 너무 좋다면서 고향으로 돌아가지 않고 거기에 계속 남아 살겠다고 말한다. 그러나 니콜라이는 학생들을 논리적으로 설득하기보다는 자신의 플루트를 마술피리처럼 불어 이들을 이끌고 귀향길에 오른다. 영화는 니콜라이와 그의 학생들이 막혀버린 창문을 통해 러시아로 돌아가는 대신 러시아행 비행기를 타고 가는 모습을 보여주며 끝난다.

영화 제목 '파리로 향한 창'은 18세기 초 표트르 대제가 러시아 현대화를 위해 유럽 문물을 도입하는 과정에서 서구화 정책의 일환으로 페테르부르크를 건설한 데서 유래한 알렉산드르 푸시킨(1799~1837)의 '유럽을 향한 창'을 암시적으로 가리킨다. 이와 동시에 영화 제목은 소련 붕괴 이후 새롭게 탄생한 러시아가 다시 서구 세계를 향해 개방됐음을 시사하기도 한다. 영화에서 마술 같은 창문이 페테르부르크를 파리로 직접 연결해 주는 것도 개방 시대의 도래와 관련돼 있다. 니콜라이를 따라서 그의 이웃 주민과 동료, 학생들이 이 창문을 통해 파리를 자유롭게 드나드는 모습은 한편으로 러시아인들이 소련 붕괴 직전까지 그동안 외국 여행을 자유롭게 하지 못했음을 상기시킨다. 다른 한편으로 역설적이게도 이런 모습은 이제 사람들이 국경이 개방되어 국내외 어디든 다녀올 수 있지만, 그래도 외국 여행이 여전히 쉽지 않음을 보여준다. 러시아 사람들은 소련 붕괴 직후 국경이 개방됐음에도 체제 전환기에 러시아 사회를 강타한 정치적, 경제적 혼란으로 외국 여행을 할 엄두도 여력도 없었다. 따라서 당시 러시아 국민에게 서구 세계는 제도상으로는 여행할 수 있어도 현실적으로는 여행하기 어려운 동경의 대상이었다고 할 수 있다.

이런 냉엄한 현실은 파리를 향한 창을 통해 직접 가서 볼 수 있는 서구 세계의 화려하고 풍요로운 이미지와 현저하게 대비되는 페테르부르크의 도시 이미지와 생활상에서 잘 뒷받침된다. 「파리를 향한 창」이 제작되어 상영됐을 당시 페테르부르크는 소련 시절 이름인 레닌그라드를 버리고 원래 이름을 회복했고 사회주의 체제에서 시장자본주의 체제로 이제 막 걸음마를 떼기 시작했다. 그러나 시민들은 체제 전환기에 일어난 극심한 혼란으로 한동안 힘겨운 삶을 살 수밖에 없었다. 이는 주인공 니콜라이가 일하던 학교가 자본주의 시대에 발맞춰 비즈니스 스쿨로 탈바꿈하면서 하루아침에 직장을 잃고 아파트 월세도 내지 못하는 처지에 놓이는 상황에서 잘 드러난다. 그는 악기 공장에서 일하는 고로호프 가족이 사는 공동주택에서 다락방 한 칸을 얻어 어렵게 살아간다. 하지만 그가 남의 집 다락방 신세를 지는 모습은 음악을 가르치는 교사이자 인텔리겐치아로서 사회적 위상에 전혀 어울리지 않는다.

한편 「파리로 향한 창」에 나타난 상트페테르부르크의 남루한 이미지와 비루한 생활상에 투영된 암울한 현실은 파리에 사는 니콜이 자신의 집에 무단 침입해서 물건을 훔쳐가는 고로호프를 뒤쫓다 마술 창문을 통해 페테르부르크로 건너와 겪는 일련의 모험 장면을 통해 적나라하게 드러난다. 니콜이 페테르부르크로 건너와서 나중에 파리로 다시 돌아가기까지 겪는 놀라운 경험이자 '이상한 모험'은 오물과 악취로 넘치는 거리에서 온갖 범죄자로 가득한 경찰서 유치장에 이르기까지 포스트소비에트 시대 페테르부르크의 도시 공간과 생활을 자연주의식으로 있는 그대로 자세하게 드러내 보여준다. 예를 들면, 니콜이 한밤중에 어두운 페테르부르크 거리를 걷다가 한 남성이 텅 빈 전화 부스를 아무런 이유도 없이 무자비하게 파괴하는 장면은 니콜에게 목숨의 위협을 느낄 정도로 공포심을 심어주기에 충분하다. 또한, 그녀가 이렇게 거리를 걷다가 부랑자로 몰려 경찰에게 잡혀 유치장에 갇힐 때 그 안에서 보이는 험상궂은 몰골의 사내들과 매춘부들은 페테르부르크에 횡행하는 각종 범죄의 그림자를 짐작하기에 부족함이 없다.

서구인인 니콜이 직접 경험하는 페테르부르크의 악몽처럼 끔찍한 세계는 그녀가 뜻하지 않게 두고 떠나온 파리의 익숙하고 편안한 세계와 현격한 대비 관계를 형성한다. 니콜이 페테르부르크의 낯설고 위험한 도시 공간에서 끝없는 모험을 겪고 나서 니콜라이의 도움을 받아 마침내 파리로 돌아갈 때 두 사람은 사랑에 빠지고 파리를 배경으로 데이트를 즐긴다. 이때 두 사람을 따라온 학생들도 파리를 구경하며 즐거운 시간을 보내는데, 그들에게 파리는 즐거움이 넘치는 신기한 세계에 다름 아니다. 그래서 어린 학생들은 파리에서 떠나지 않고 머물러 살고 싶어 한다. 이들은 파리에서 노래하고 춤을 추는 것으로 돈을 벌어 살아갈 수 있으리라고 생각한다. 이런 생각은 어린아이들로서 너무나 순진한 반응이다. 그러나 다른 한편으로 볼 때 학생들이 보이는 그런 반응에는 자신들의 도시 페테르부르크가 그만큼 살기 힘든 곳이라는 생각이 깔려 있다. 이를 더 확대해서 본다면, 니콜라이의 동료들과 고로호프 가족은 물론이고 어린 학생들까지도 파리에 매료되는 모습은 서구 문화와 가치가 러시아보다 더 좋다는 태도를 드러내 보인다고 할 수 있다. 그러나 니콜라이와 그의 학생들이 물질적으로 풍요롭고 그래서 마냥 행복하게 살 수 있을 것처럼 보이는 파리와 서구 세계를 버리고 결국 러시아로 다시 돌아온다는 영화 이야기는 비록 가난하고 힘들어도 러시아에 끝까지 남아 조국을 지키며 살아야 한다는 러시아 특유의 애국주의 전통과 가치를 반영한다.

모스크바의 노르웨이인

이처럼 「파리를 향한 창」에서 서구인과 서구 세계의 묘사도 궁극적으로는 러시아적 전통이나 가치의 재긍정을 위해 동원된다. 바꾸어 말하면, 이 영화에서 파리(지엔느)로 대표되는 서구(인)의 존재는 소비 자본주의 사회의 개인주의와 물질주의 등 부정적 가치를 대하는 시각 속에 드러난다. 이런 경향은 1998년에 나온 니키타 미할코프(1945~)의 「시베리아아의 이발사」와 2000년에 나온 알렉세이 발라바노프(1959~2013)의 「형제 2」에서도 뚜렷한 흐름으로 이어진다. 먼저 미할코프는 주인공 안드레이 톨스토이의 러시아 세계와 미국인 사업가 더글라스 맥크래켄의 서구 세계를 대비시켜 보여줌으로써 러시아 가치와 전통을 긍정한다. 다음으로 발라바노프는 주인공 다닐라 바그로프가 서구 자본주의 세계의 중심지인 미국으로 직접 건너가서 미국의 흑인 범죄단과 백인 사업가들이 벌이는 착취와 불의를 바로잡고 러시아 '형제들'을 구원한다.

2000년 블라디미르 푸틴(1952~) 대통령의 집권과 함께 새롭게 시작된 시대에도 러시아 영화에서 서구인의 존재는 여전히 현저하게 나타난다. 특히 21세기 푸틴 시대 러시아 영화에서 보이는 서구인 이미지는 레프 쿨레쇼프의 영화에서 나타나기 시작한 특별한 전통이 여전히 지속하고 있는 데서 찾아볼 수 있다. 다시 말해 유럽과 미국 등 서구 세계 출신의 인물들이 러시아 영화에 자주 등장하면서 과거와 크게 달라지지 않은 서구 세계에 대한 러시아의 태도를 드러내 보이는 데 동원된다. 매우 의미심장하게도 이런 상황은 2014년 러시아의 크림반도 합병과 이를 둘러싸고 나온 서구 세계의 러시아 제재 이후 더 두렷해진 것으로 보인다. 이런 점에서 2015년에 나온 알료나 즈반초바(1971~)의 코미디 영화 「노르웨이인」(2015)과 2016년에 나온 알렉산드르 네즐로빈(1983~)의 코미디 영화 「약혼자」가 주목할 만하다. 특히 즈반초바의 영화는 서구와의 관계에서 러시아의 관점이나 태도를 보여주는 동시에 러시아를 바라보는 서구의 편향된 시각를 드러내고 있어 흥미롭다.

「노르웨이인」은 2014년 2~3월 우크라이나 유로마이단 사태와 러시아의 크림반도 합병 이후 서구 세계와 러시아의 관계가 경제 제재 등으로 더욱 악화한 상황에서 러시아에 서구가 어떤 존재이며 역사적으로 서구는 러시아를 어떻게 바라봐 왔는지를 가늠하고 파악하는 데 좋은 계기를 제공해 줬다. 이 영화는 러시아인 예브게니와 노르웨이인 브룬힐드의 남녀 관계를 둘러싸고 벌어지는 반전 이야기를 통해 오늘날 러시아의 경제적, 사회적 현실이 노르웨이 같은 북유럽 선진국으로 대표되는 서구 세계의 생활 조건보다 여전히 뒤떨어져 있다고 할지라도 심지어 중앙시아 출신의 인종적 타자들까지도 포함하여 서로 배려하고 이해하는 가운데 관용과 포용, 유대와 연대를 바탕으로 단점을 보완하고 극복함으로써 정신적으로 더 풍요롭고 행복할 수 있다는 희망의 메시지를 전달한다. 이는 주인공 예브게니가 여주인공 브룬힐드를 따라서 노르웨이로 이주하면 물질적으로 훨씬 더 편리하고 안락하게 살 수 있는데도 결국 서구행을 포기하고 러시아에 남아 중앙아 출신 이주노동자를 계속해서 돌보고 전 부인 아냐와도 재결합하여 그녀와의 사이에서 미래의 희망을 상징하는 아기를 갖게 되는 결말 이야기에서 잘 뒷받침된다.

노르웨이 여성인 브룬힐드의 모습에 투영된 서구인의 이미지는 처음에 그녀 자신의 견해와 주장, 행보에서 잘 드러난다. 그녀는 인어공주 동상이 '여성 원리의 착취'를 상징하므로 인어공주 동상 건립를 반대하는 시위에 직접 동참했을 정도로 여성 착취를 비판하고 여성 인권을 옹호하는 진보적인 자유주의자로 묘사된다. 그녀를 인터넷 만남 사이트를 통해 알게 된 예브게니로서는 그녀가 모스크바에서 와서 직접 밝히기 전까지는 이처럼 진보적이면서 자유분방한 면모를 미처 알지 못한 나머지 당황한다. 특히, 그는 자신의 사촌으로부터 갑작스럽게 떠맡게 된 청소대행사에서 불법 신분인 중앙아 여성 이주노동자들을 관리하고 있어서 이런 사실이 그녀에게 알려지지 않을까 전전긍긍한다. 노르웨이에는 자유민주주의 아래 어떤 차별이나 착취도 없다고 말하는 브룬힐드가 그의 청소대행업을 알게 된다면 두 사람의 관계는 파국을 맞을 수밖에 없다. 그래서 예브게니는 그녀가 알면 싫어할 것으로 보이는 것이면 무엇이든 숨기려고 한다.

그러나 예브게니가 자신을 둘러싼 남루한 현실을 브룬힐드에게 감추려고 하면 할수록 그런 시도는 무위로 돌아가고 만다. 예를 들어 그는 자신이 관리하는 여성 이주노동자 중 한 명에게서 갑자기 연락이 와서 찾아갔다가 출산이 임박한 사실을 알고 그녀를 산부인과로 데려다준다. 이때 그의 모습이 러시아 내 여성 이주노동자의 열악한 현실을 찾아서 소개하는 다큐멘터리 영화의 카메라에 찍힌다. 며칠 뒤에 그는 브룬힐드와 함께 영화를 보러 간 극장 스크린에서 임산부를 부축하고 가는 자신의 모습을 보고 크게 당황하면서 극장을 급히 빠져나간다. 이런 식으로 예브게니의 활동과 정체는 브룬힐드에게 조금씩 노출된다. 흥미로운 점은 그가 노예처럼 비참한 상태에 있는 중앙아 여성 노동자들을 보살피다가 그들에게 조금씩 연민과 동정을 느끼며 그들에게 도움의 손길을 내밀면 내밀수록 브룬힐드에게서 그만큼 조금씩 더 멀어지고 마지막에 노르웨이로 떠나는 공항에서 결국 그녀를 버리고 중앙아 여성들에게 돌아간다는 사실이다.

예브게니는 브룬힐드와 결혼하면 노르웨이인이 될 수 있고 따라서 유럽인인 동시에 서구인인이 되어 러시아에서와는 전혀 다른 삶을 새롭게 시작할 수 있었지만, 명문 바우만공대 출신의 인텔리겐치아로서 타자에 대한 책임과 조국 러시아에 대한 사랑을 저버릴 수 없었다. 게다가 브룬힐드가 모스크바에 막상 와서 보여준 러시아에 대한 태도와 시각은 두 사람의 관계가 결혼으로 맺어지기 어려울 정도로 피상적, 편향적이었음이 드러난다. 예를 들면, 그녀는 노르웨이에서 자신이 읽고 상상했던 표도르 도스토옙스키 등 19세기 러시아 문학의 유명 작가들을 자주 언급하고 인용한다. 이는 브룬힐드가 러시아 문학을 그만큼 잘 알고 사랑하고 있다는 증거이다. 그래서 예브게니는 그녀의 모스크바 도착을 고대하면서 "브룬힐드! 체호프와 톨스토이, 도스토옙스키의 요람에서 당신을 손꼽아 기다리고 있습니다"라고 혼잣말을 하기도 한다. 그러나 러시아 문학을 즐겨 읽고 사랑한다는 말이 러시아 현실을 제대로 파악하고 이해한다는 것을 의미하지는 않는다. 그런데도 브룬힐드는 자신이 러시아 문학을 읽고 쌓은 경험을 통해 러시아 현실에 접근하려 든다. 이는 그녀가 예브게니와의 관계에서 파경을 맞이했을 때 "도스토옙스키는 완전히 다른 사람들에 관해 썼다"라고 말하는 데서 잘 드러난다. 게다가 그녀는 "쇼콜라드니차 카페에서 사람들이 아편굴 속에서처럼 담배를 피우는" 러시아는 자신이 상상하고 보고 싶었던 러시아가 아니라고 말한다. 이는 낭만적 러시아관을 뒷받침해주는 외부인들의 편향된 태도를 뒷받침해준다. 즈반초바의 영화는 이것이 서구인 브룬힐드에게서도 예외가 아님을 보여준다.

참고문헌

길레스피, 데이비드. 『러시아 영화: 문화적 기억과 미학적 전통』. 라승도 옮김. 서울: 그린비, 2015.

라승도. 『시네마트료시카: 영화로 보는 오늘의 러시아』. 서울: 한국외국어대학교 지식출판원, 2015.

______. "타자의 초상: 현대 러시아 영화에 나타난 서구 이미지." 『노어노문학』. 29권 4호 (2021).

Beumers, Birgit. *A History of Russian Cinema*. New York: Berg, 2009.

Yanoshak, Nancy. "Mr. West Mimicking "Mr. West": America in the Mirror of the Other." *Journal of Popular Culture*, Vol. 41, No 6 (2008).

Соболев, Ромил. *Люди и фильмы русского дореволюционного кино*. М.: Искусство, 1961.

제2부

역사와 정치

제5장

종교와 권력

러시아의 기독교 수용에 나타난 정치적 배경

황성우

5

러시아는 포괄적 의미에서 기독교권에 속하는 국가이다. 러시아인들이 믿고 있는 종교는 러시아 정교이다. 혼란스러워 보이는 개념과 용어를 엄밀하게 구분하면, 988년 키예프의 블라디미르 공후가 기독교를 수용한 이후, 1054년 기독교(그리스도교)는 그리스 정교와 가톨릭교로 분리됐다. 동서교회 분리 이후 1589년까지 러시아의 종교는 '그리스 정교,' 1589년 러시아에 총대주교 관구가 설립된 이후부터는 '러시아 정교'라 부르는 것이 타당하다. 러시아 정교는 오늘날에 이르기까지 천년이 넘는 시간 속에서 러시아인과 결코 분리될 수 없는 러시아인의 삶 그 자체이다.

러시아 정교는 러시아 땅에서 배양된 토착 종교는 아니다. 정교는 과거 국가 형성 이전부터 러시아 땅에 수용된 스키타이 문화를 비롯해 외부로부터 이식된 다양한 문화와 종교 중 하나이다. 즉 러시아 정교는 러시아 입장에서 보면 '타자'라고 할 수 있다. 러시아는 기독교라는 타자를 수용해 러시아 정교로 '자기화'한 것이다. 유럽과 아시아를 합친 광활한 유라시아 대륙에 걸쳐 있는 러시아는 다양한 문화권과 국경을 맞대고 있어서 지구상 어느 나라와 비교할 수 없을 정도로 여러 타자와 관계를 형성해왔고 또 그 타자들로부터 많은 영향을 받았다. 9세기 북유럽 바이킹들의 유입과 고대국가 설립, 10세기 기독교 수용, 13세기 몽골·타타르족의 침략과 240년에 걸친 이민족의 지배, 18세기 표트르 대제(1세)의 서구 문물 수용, 19세기 마르크스 사상의 유입 등이 러시아 역사와 문화에 깊이 아로새겨진 중요한 타자의 영향이다.

19세기까지 대다수 유럽인은 러시아인들이 기독교가 아닌 민간신앙을 믿고 있다고 생각했다. 성경에 대해 아무것도 모르면서 그저 교회만 다닌다고 조롱하곤 했다. 러시아인들이 믿고 있는 종교를 외형상 기독교일 뿐 내용상으론 민간신앙에 입각한 '이중신앙'이라고 폄하하기까지 했다. 서유럽의 경우에서도 알 수 있듯이, 기독교와 기독교적 세계관이 해당 지역의 민간신앙과 혼합돼 발전하는 현상은 비단 러시아인, 혹은 좀 더 확대하면 슬라브인에게만 국한된 것도 아닌데 러시아인의 신념 체계에만 유독 이중신앙이라는 명칭을 사용하는 것은 온당치 못하다.

종교적 혼합주의는 어느 국가에서나 발생한 지극히 보편적인 현상이다. 다시 말해 외부로부터 타자의 종교가 유입될 때 해당 지역의 토양에 여과되는 현상은 예외 없이 발생했던 명백한 사실이다. 타자로서 기독교가 러시아 땅에 수용될 때 러시아 토양이라는 여과기를 거쳐 들어

왔을 뿐이다. 러시아인이라고 불리는 것보다 기독교인으로 불리는 것을 선호했던 러시아인들이 감히 앉아서 하나님께 예배드릴 수 없다는 생각에 교회 내부에 의자를 두지 않았다는 사실을 아는 사람들이라면 러시아인들이 가진 신실함을 부정하지 못할 것이다. 오히려 초기 그리스도교의 예배 모습을 러시아인들이 지금까지 잘 간직해 왔다고 읽는 것이 타당하다. 신실함의 척도는 성경 지식만이 아닌 증교적 삶으로 평가해야 하기 때문이다.

러시아 '왕자의 난'

러시아에서 기독교를 수용하고 국교로 정한 지도자는 흔히 블라디미르 1세라고 부르는 키예프의 블라디미르 공후(980~1015)이다. 정확히 말하면 블라디미르 스뱌토슬라비치 공후이다. 이름에서 알 수 있듯이 블라디미르 공후는 스뱌토슬라프 공후(962~972)의 셋째 아들이다. 우리나라 역사에서 고구려의 광개토대왕에 견줄 수 있는 스뱌토슬라프는 10년이라는 짧은 재임 기간에 주변의 여러 지역을 정복해 키예프의 위상을 높였을 뿐만 아니라, 키예프 루시의 전체 영토를 확장하는 데 크게 이바지했다. 흔히 '대모험의 시대'라 부르는 그의 통치 시기에 그 이름만 들어도 겁을 먹을 정도로 스뱌토슬라프는 주변 민족에게 위협적인 존재였다. 그러나 미인박명이라 했던가. 상대적으로 적은 병력만 데리고 키예프로 귀환하던 중 스뱌토슬라프는 아시아계 유목민족인 페체네그인들의 기습공격을 받아 목숨을 잃고 말았다. 두려운 존재였던 스뱌토슬라프를 제거한 페체네그인들은 넘쳐나는 기쁨을 제어하지 못해 그의 두개골에 금장을 씌워 술잔을 만든 후 승리를 자축했다는 이야기가 전해진다.

스뱌토슬라프가 갑작스럽게 사망했을 때, 그의 세 아들은 대외정복 활동에 전념했던 아버지를 대신해 키예프와 주변 지역을 통치하고 있었다. 큰아들인 야로폴크는 키예프를, 둘째 아들 올레크는 키예프 서쪽 드레블랴닌들이 거주하는 지역을, 막내이자 셋째 아들 블라디미르는 러시아 최초의 국가가 세워진 노브고로드를 통치하고 있었다. 두 형과 이복형제 관계였던 블라디미르는 당시 11살에 불과한 어린 나이였기에 친척인 도브리냐와 함께 노브고로드를 통치했다.

그런데 스뱌토슬라프가 사망하자 세 아들 사이에서 권력 갈등이 발생했다. 러시아 최초의 '왕자의 난'으로 불리는 사건이다. 스뱌토슬라프의 최측근으로 활동하던 장수 스베넬리드는 전사한 스뱌토슬라프의 잔여 부대를 이끌고 키예프로 귀환했다. 그는 스뱌토슬라프의 아버지인 이고리 공후(912~945)가 키예프를 통치할 때부터 드레블랴닌들의 거주지역을 자신이 통치해야 한다고 주장했었다. 스뱌토슬라프를 보필하며 수많은 전장을 누비던 그로서는 자신의 요구가 합당한 전리품이자 적절한 보상이라고 생각했다. 그런 까닭에 부하들과 함께 키예프로 복귀했을 때, 스베넬리드는 스뱌토슬라프의 큰아들 야로폴크의 참모가 되기보다는 오히려 공동 통치자가 되어 그와 함께 키예프를 통치하길 원했다. 그의 정치적 야망은 스뱌토슬라프와 야로폴크 부자를 충성스럽게 섬기는 일을 훨씬 더 넘어서는 것이었다. 권력 야심을 드러내기 시작한 스베넬리드는 드레블랴닌들을 통치하고 있던 스뱌토슬라프의 둘째 아들 올레크를 모함하려고 했다. 그의 궁극적 목적이 드레블랴닌 거주지역을 직접 통치하는 것임이 드러나는 대목이다.

어느 날 스베넬리드의 아들인 류트가 드레블랴닌들의 거주지역에서 사냥하고 있었다. 마침 그곳을 통치하고 있던 올레크 역시 자신의 영지에서 측근들과 함께 사냥하고 있었다. 올레크는 자기 땅에 불법으로 침입한 밀렵꾼으로 생각해 류트를 죽였다. 스베넬리드의 아들인 류트가 사냥하고 있던 사실은 까맣게 모르고 있었다. 올레크는 잘못이 없었다. 당시 자신의 영지가 아닌 곳에서 사냥하는 행위는 누구에게도 금지됐다. 이 규칙은 거의 불문율이었다. 하지만 본의 아니게 아들을 잃은 스베넬리드는 생각이 달랐다. 올레크가 고의로 자기 아들을 죽였다고 생각했다. 스베넬리드는 복수해야 했다. 아들의 원한을 갚기 위해 스베넬리드는 야로폴크를 부추겼다. 올레크가 키예프의 군주가 되려고 형인 야로폴크를 공격하려 한다고 모함했다.

선친 스뱌토슬라프 공후의 충신인 스베넬리드의 말을 철석같이 믿은 야로폴크는 군대를 소집해 976년 동생이 통치하고 있던 드레블랴닌 지역으로 진군했다. 친형이 자기를 공격하러 온다는 소식을 접한 올레크는 너무나 놀란 나머지 허둥대기 시작했다. 지역 중심지인 오브루차 성채에서 침략군을 방어하기 위해 성채 안으로 들어가려 했으나, 성문과 해자를 연결하는 다리 위에 너무나 많은 사람이 한꺼번에 몰리는 바람에 올레크는 그만 해자로 빠지고 말았다. 말과 사람들이 뒤섞여 해자로 빠지는 바람에 올레크를 구할 수도 찾을 수도 없었다. 다음날이 돼서야 올레크의 시신을 찾을 수 있었다. 야로폴크는 동생의 시신을 앞에 두고 통곡하기 시작했다. 그는 동생을 죽인 죄책감에 사로잡혀 스베넬리드를 원망할 수밖에 없었다. 스베넬리드는 죽은 아들의 복수에 성공했지만, 야로폴크는 애꿎은 동생만 죽인 꼴이었다.

한편, 둘째 형 올레크가 죽었다는 소식을 접한 블라디미르는 작은형의 죽음을 자신에 대한 큰형 야로폴크의 경고로 받아들였다. 친동생도 죽였는데 하물며 다른 어머니 배에서 나온 이복동생을 가만둘 리 없다고 생각한 블라디미르는 일단 스칸디나비아 지역으로 몸을 피했다. 야로폴크는 키예프와 드레블랴닌 지역의 유일한 통치자가 됐다.

약 3년의 세월이 흐른 뒤 바이킹 세력을 등에 업은 블라디미르는 큰형 야로폴크에게 선전포고했다. 남쪽으로 진군하던 블라디미르는 먼저 로그볼로드 공후가 통치하고 있던 폴로츠크 지역을 공격했다. 폴로츠크는 노브고로드와 스몰렌스크를 잇는 중간지대이자 교역로 역할을 하고 있어서 고대 러시아의 수로 체계에서 매우 중요한 전략적 공간이었다. 싸움 없이 승리를 쟁취하고자 했던 블라디미르는 로그볼로드 공후의 딸인 로그네다에게 청혼했다. 로그볼로드는 딸에게 블라디미르와 결혼하겠느냐고 물어봤다. 그러자 로그네다는 "노예의 아들인 블라디미르의 신발을 벗기지 않겠어요. 차라리 야로폴크와 결혼하겠어요"라고 말하면서 블라디미르의 청혼을 거부했다. '남편의 신발을 벗기는 행위'는 고대 러시아의 결혼식에서 신부가 행하는 하나의 상징적 행동이었다. 로그네다가 블라디미르의 청혼을 거절한 사실을 두고 학자들은 고대 러시아 여성들이 배우자를 선택할 때 신랑을 거브할 수 있는 최소한의 권리를 갖고 있었다고 주장한다. 어쨌든, 자신을 노예의 자식이라고 언급한 로그네다의 말에 격분한 블라디미르는 로그볼로드 공후와 그의 두 아들을 죽인 다음에 폴로츠크 지역을 철저히 파괴하고 로그네다와 강제로 결혼했다.

블라디미르를 노예의 자식이라고 부른 근거는 그의 모친이 블라디미르의 조모이면서 러시아 최초의 여성 지도자인 올가 공후의 몸종이었기 때문이다. 블라디미르의 모친은 말루샤라는 이름의 여인으로 알려져 있다. 그녀가 비천한 여인이라고 이야기되고 있지만, 사실 태생적으로 천민 신분은 아니었을 것으로 추정된다. 역사 속에서 확인된 바는 아니지만, 야사에 따르면 블라디미르의 할머니 올가 공후는 남편인 이고리 공후가 과도한 세금을 징수하려 했다가 드레블랴닌 사람들에게 살해된 이후 남편의 복수를 위해 그를 죽인 드레블랴닌들을 잔혹하게 응징하고 그들의 지도자였던 말 공후의 딸을 하녀로 만들어 곁에 두었는데, 그녀가 바로 말루샤였다. 그리고 할머니 곁에서 허드렛일을 돌보던 말류샤를 눈여겨본 스뱌토슬라프 공후 사이에서 블라디미르가 태어났다. 이런 연유로 어린 시절부터 블라디미르에게는 노예의 자식이라는 꼬리표가 항상 따라다녔다. 그의 신분적 콤플렉스를 가늠할 수 있는 근거이다.

폴로츠크를 점령한 블라디미르는 남쪽으로 진군했다. 다음 목표는 큰형 야로폴크가 통치하는 키예프였다. 막내동생 블라디미르가 키예프로 쳐들어온다는 소식을 접했으나, 측근인 블루드가 눈과 귀를 막는 바람에 야로폴크는 제대로 대처하지 못했다. 블루드는 이미 블라디미르에게 매수당했다. 그는 블라디미르가 형을 공격하지 않을 것이라며 야로폴크를 안심시켜놓고, 블라디미르가 키예프에 거의 도달했을 때는 키예프 주민들이 블라디미르를 원한다며 야로폴크에게 군주의 자리에서 내려오라고 설득했다. 블라디미르가 키예프에 무혈입성하자 블루드는 야로폴크에게 블라디미르를 찾아가 화해하라고 조언했다. 측근 블루드의 말을 끝까지 믿은 야로폴크는 블라디미르를 만나러 가던 도중 동생이 보낸 자객의 손에 살해된다. 귀가 얇은 지도자의 뻔한 말로를 엿볼 수 있다.

삼 형제 사이에서 발생한 권력 암투의 마지막 승자는 막내 블라디미르였다. 키예프에 입성한 블라디미르는 자신의 취약한 정치적 입지를 강화하고 키예프를 러시아인의 정치적, 경제적, 종교적 중심지로 구축하기 위해 일련의 개혁정책이 시급히 필요하다는 점을 정확히 인식하고 있었다.

980년 종교개혁

키예프 공후에 오른 블라디미르는 980년 종교개혁을 추진했다. 키예프를 중심지로 구축한다는 점에서 이 정책은 키예프 공후들이 이전에 취한 정책과 같은 맥락이다. 개혁정책의 핵심은 주변의 모든 민족이 키예프 공후의 권위에 복종하는 '부족연합' 형태를 유지하는 것이었다.

키예프 공후들은 한편으로 지배계급의 입지를 공고히 하고, 다른 한편으로 키예프 사회와 부족 간 연대를 확대하고 내부 결속력을 다지기 위해 포괄적인 신념 체계와 가치관의 필요성을 인식하고 있었다. 이런 필요성을 충족시키기 위해 키예프 공후들은 민간신앙과 관련된 종교의식을 확대하고 정치적으로 이용했다. 더 나아가서 그들은 민간신앙 의식들을 권력과 연계시키고 경쟁적인 주변 민족들의 종교를 키예프 주민들이 숭배하는 종교와 조화시킴으로써 키예프 공후의 권위를 강화하고 결국에 가서는 키예프를 중심으로 러시아 전역의 정치적, 이념적 통일을 추구했다.

키예프가 고대 러시아에서 공간적으로 중요한 이유는 도시가 갖고 있던 지리적 위상에 있었다. 드네프르강이 가로지르는 곳에 자리 잡은 키예프는 상류 지역의 숲과 초원지대, 하류 지역의 초원지대로 연결돼 필연적으로 교통과 상업의 중심지가 될 수 있는 전략적 공간이었다. 키예프 주민들은 자신들보다 먼저 발전한 문명 세계의 사람들과 자연스럽게 상품들을 교환할 수 있었다. 그것이 가능한 이유는 고대 러시아에서 중요한 교역로 역할을 했던 '발트해~흑해' 수로의 핵심 지역에 키예프가 있었기 때문이다. 이곳은 수로를 이용해 흑해로 나가는 모든 선박이 집결하는 장소였다. 그런 까닭에 키예프의 통치자는 주변 민족들이 수행하는 상업과 군사 활동을 주도할 수 있었고, 자연스럽게 정치적으로 최고 권좌를 차지할 개연성이 존재했다. 러시아 역사에 회자하는 올레크 공후의 이야기는 이 사실을 증명하고 있다. 러시아 역사에서 두 번째 통치자인 올레크 공후는 882년 키예프를 점령하고 난 뒤, 키예프야말로 러시아 모든 도시의 어머니 같은 곳으로 지칭하면서 이곳을 도읍지로 정했다. 이때가 바로 키예프가 고대 러시아의 중심지가 되는 시점이다.

이 과정에서 나타난 중요한 사실은 키예프 공후들이 자신들의 권위를 확보하고 부족연합을 유지하기 위해 취한 정치적 행동이 민간신앙의 신들과 결합했다는 것이다. 블라디미르와 마찬가지로 이전 키예프 공후들이 취한 행동은 키예프를 고대 러시아 사회의 정치적, 종교적 중심지로 구축하려는 차원에서 나왔다. 이런 정책이 추진됐다는 사실은 당시 지배계층이 고대의 신념 체계가 새로운 사회질서 아래서 무너질 수도 있다는 위기의식을 갖고 있었던 것으로 볼 수 있다. 새로운 사회질서란 기독교적 세계관이 구축하는 질서였다. 당시 유럽 국가들에서 볼 수 있듯이, 유럽 봉건군주들은 대내외적 문제들을 해결하기 위해 대부분 기독교를 국교로 채택했다.

980년대 키예프는 기독교와 유대교, 이슬람교를 믿는 국가들로 포위돼 있었다. 하자르인은 865년 유대교로 개종했고, 볼가·불가르인들은 922년 이슬람교를 수용했다. 942년과 968년 사이에는 발트해 연안의 슬라브인들이 기독교로 개종했고, 966년에는 폴란드의 미에즈코 공후가 세례를 받았으며, 874년에는 덴마크의 왕 해롤드 블로탄트가 세례를 받았다. 995년에 노르웨이 왕위에 오른 된 올라프 트리그바손은 976년에 이미 기독교인이 됐으며, 헝가리의 공후인 게자 역시 985년에 기독교로 개종했다.

블라디미르는 980년 종교개혁을 단행했다. 개혁정책의 궁극적인 목적은 정치적으로 취약한 키예프에서 자신의 권력을 공고히 하는 것이었다. 그는 '드네프르강의 올림푸스'로 불리는 만신전을 구축했다. 주변 민족들이 믿고 있는 신들을 키예프로 소환하고 그 중심에 키예프 주민들이 믿고 있던 페룬을 앞세우는 것이었다. 페룬은 천둥과 번개의 신으로 알려진 고대 러시아 민간신앙의 대표적인 신 가운데 하나다. 블라디미르는 페룬의 우월성을 강조하기 위해 주변 민족들의 신을 키예프 중심부에 있는 언덕으로 데려와 만신전을 건립했다. 당시 키예프로 소환된 신들에는 페룬을 포함해 태양의 신 호르스, 부귀의 신 다지보그, 바람의 신 스트리보그, 종자의 신 시마르글, 대지의 신 모코시가 있었다.

블라디미르가 만신전을 설치한 것은 분명히 이념적인 행동이었다. 만신전을 건립함으로써 그는 정복한 주변 부족들에 대해 키예프와 자신이 상대적으로 우월한 권력과 위상을 갖는다는 것을 만천하에 알리고, 키예프가 주도하는 초부족연합이 붕괴되지 않기를 원했다. 그래서 중심부에 있는 페룬은 부족들의 통일을 상징하면서 여러 신 가운데 놓여 있었다. 이런 정치적 행위에는 블라디미르와 키예프가 러시아의 중심이라는 점을 부각하려는 선언적 의미가 담겨 있었다.

블라디미르가 추진한 980년 종교개혁은 이전에 키예프 공후들이 추진해왔던 관례와 같은 맥락에서 추진됐다. 단지 자신들이 믿고 있는 신들만 앞세운 것이 아니라, 주변 민족들이 숭배하는 신들을 함께 소환하는 방식으로 비교적 '온건한' 방법을 취했을 뿐이다. 그러나 블라디미르 공후의 종교개혁도 그에 앞선 공후들의 정책과 마찬가지로 실패했다. 그가 범한 가장 중요한 실수는 다른 신들과 함께 페룬을 만신전에 설치해 최고의 신으로 숭배하려고 했지만, 결과적으로 보자면 여전히 페룬의 우월성을 주장했기 때문이다. 결국 그의 실패는 과거의 공후들과 다르게 유연성 있고 우회적인 정책을 채택해 초부족연합을 유지하고, 자신과 키예프의 우월함을 주장하려고 했으나, 전임 지도자들과 마찬가지로 전체 러시아인의 호응을 얻지 못한 데 있었다.

블라디미르 공후가 건립한 만신전을 보면, 기독교 수용 이전에 키예프에는 민간신앙에 기반한 다신교가 존재했다는 사실을 알 수 있다. 그러나 페룬을 중심으로 하는 만신전은 러시아인들을 종교적, 정서적으로 통일하지 못했다. 따라서 고대의 신념 체계에 위기 상황이 도래해 새로운 사회질서가 필요하다는 분위기가 만들어졌다.

연대기에는 페룬의 우월성을 주장하는 키예프 주민들에 반발하는 일부 주민의 이야기가 전해진다. 983년 대외 정복 활동을 성공적으로 마치고 키예프로 귀환한 블라디미르 공후는 페룬에게 감사의 뜻을 표하고자 인간을 제물을 바치는 희생제의 의식을 마련한다. 제비뽑기에 따라 의식의 희생자로 뽑힌 사람은 이오안이라는 청년이었다. 이오안의 아버지는 그리스 출신으로 기독교인이다. 블라디미르가 의식을 거행하려고 할 때, 아들을 잃게 된 상황에 처한 이오안의 아버지는 블라디미르에게 "너희들에게는 신이 없다. 너희들이 신이라고 믿고 있는 페룬은 나무에 불과하다. 비록 너희들의 뜻에 따라 오늘은 페룬이 제물을 먹을 수 있을지 몰라도 내일은 그럴 수 없을 것이다. 이 세상에 신은 오직 한 분 하나님만 계신다. 그리스인들은 그분을 믿고 있다. 그분은 하늘과 대지를 창조하시고 인간을 만드셨다. 너희들이 믿고 있는 페룬은 도대체 무엇을 만들었느냐? 사람들 스스로 나무를 깎아 페룬을 만든 것이다. 난 내 아들을 내줄 수 없다"라고 강하게 반발했다. 그러자 블라디미르 공후의 부하들이 이오안과 그의 아버지를 죽이고 집을 불태웠다.

기독교인 부자를 죽인 후 블라디미르는 새로운 고민이 생겼다. 그가 야심차게 추진한 종교개혁이 실패했기 때문이다. 980년 종교개혁 정책이 실패하여 다른 차원의 개혁 필요성이 제기됐다. 그는 페룬이 아닌 '새로운 신'을 찾아야 했다. 즉 페룬을 앞세워 키예프의 위상을 높이고 러시아를 통일시키기 어렵다고 생각한 끝에 블라디미르는 새로운 종교를 찾기 시작했고, 신앙을 선택하는 데 더욱 신중하게 대처했다.

비잔틴제국의 황녀 안나와 결혼하다

980년 종교개혁이 실패한 후, 블라디미르는 두 가지 사실을 인지했다. 첫째, 민간신앙 기반하에 키예프를 통치하기는 어렵다는 점이다. 잘 알려졌듯이, 자연적으로 생겨난 민간신앙은 기독교, 불교, 이슬람교와 같이 체계적 논리를 갖춘 고등종교가 아니다. 민간신앙은 부족이나 소수 민족들의 공동체 의식 속에서 유지되는 믿음 체계에 불과하다. 그런 까닭에 영토가 작은 지역에서는 민간신앙 숭배가 가능할지 몰라도 광활한 러시아 영토를 고려할 때, 더욱이 영토적으로 팽창해 나가고 있던 키예프의 상황을 고려할 때 민간신앙 숭배를 앞세운 정책은 필연적으로 실패할 수밖에 없었다는 점이다. 둘째, 민간신앙을 앞세운 개혁은 저항에 부딪힐 수밖에 없었다. 인간희생제의 의식에서 벌어진 불상사를 키예프 주민들은 잊지 않고 있었다. 게다가 형제들 간 권력투쟁에서 승리해 키예프에 이제 막 입성한 블라디미르는 정치적 기반이 취약했을 뿐만 아니라 주민들 사이에서 인기도 높지 않았다. 그는 대안적 조치에 착수하기 전에 개혁에 대한 저항과 적대감을 고려해 심사숙고해야 했다. 이 점이 바로 블라디미르가 두 번째 종교개혁, 즉 기독교 수용을 앞두고 새로운 신을 찾기 위해 신중했던 이유이다. 그는 좀 더 신중하게 '신앙 선택' 과정을 밟았다.

블라디미르는 주변 민족들이 어떤 종교를 믿고 있는지 알아보라고 지시했다. 그의 요청에 따라 네 곳에서 종교 사절단이 찾아왔다. 그는 신중한 신앙 선택을 위해 이슬람교를 믿고 있던 불가르인과 유대교를 믿던 하자르인, 로마에서 온 독일인 주교와 그리스 현인을 차례로 만나서 문답 형식을 통해 그들의 종교에 대해 알아봤다. 그는 먼저 도착한 이슬람교 사절단이 미인 수십 명을 선물로 바치겠노라고 해서 한껏 기대에 부풀었으나 이슬람교의 할례의식을 좋아하지 않았고 이슬람교도들이 돼지고기와 술을 먹지 않는다는 사실을 듣고 "러시아인들은 술을 좋아하고 술 없이 살 수 없다"라며 이슬람교를 거부했다. 블라디미르는 노예의 자식이라는 신분적 콤플렉스에 사로잡혀 있어서 고귀한 가문의 여인과 결혼하여 이 콤플렉스를 극복하려 했을 것으로 추정된다. 하지만 그는 술을 포기할 수 없었다. 함께 술을 마시며 식사하는 관행은 공동체를 유지하는 중요한 의식의 일부였다. 다음으로 로마의 독일인 주교가 가톨릭교 교리를 상세하게 설명했지만, 블라디미르는 따분해하기만 했다고 연대기 작가는 기술했다. 그는 유대교가 버림받은 민족의 종교라며 거절했다. 마지막으로 도착한 그리스인 현인은 창세기부터 당시에 이르기까지 인간의 삶과 그 속에 나타난 구원 사상에 관해 자세하게 설명하며 블라디미르의 관심을 끌었으나 그는 쉽게 결정하지 못했다.

이처럼 종교 선택에서 신중에 신중을 기울이던 끝에 블라디미르는 여러 곳에 러시아 사절단을 직접 파견해 해당 지역의 종교를 알아보라고 지시했다. 이에 따라 러시아 사절단은 비잔틴제국의 수도 콘스탄티노플까지 방문한다. 이곳에서 그들은 성소피아성당의 화려한 모습과 성대한 예배 의식을 보고 반한 나머지 블라디미르에게 이곳이 천상인지 지상인지 구분하기 힘들 정도로 아름답다고 보고한다. 보고를 접한 블라디미르는 콘스탄티노플 관할의 동방기독교를 곧바로 수용한다.

세례를 받은 블라디미르 공후는 이전에 믿었던 페룬을 파괴하라고 지시하는데 연대기에 기술된 이 과정은 다음과 같다.

> 블라디미르 공후는 은으로 만든 머리와 금으로 만든 수염으로 된 목조상 페룬을 말꼬리에 묶어 보리체프 언덕을 따라 드네프르강까지 끌고 가라고 명령했다. 그리고 블라디미르 공후는 12명의 남자들을 임명해 몽둥이로 페룬을 때리라고 명령했다. 이러한 행위가 일어난 이유는 페룬이 어떤 의식(意識)을 가지고 있다고 생각해서가 아니라, 인간을 기만하고 현혹하는 악마는 인

간의 손에 의해 응징을 받고 모욕당해야 하기 때문이었다. ... 그들은 페룬을 드네프르강에 던져버렸다.

이 이야기는 키예프 동굴수도원 수도승 네스토르가 쓴 『원초연대기』에 기술된 내용이다. 1054년 동서교회가 분리된 이후 관점으로 보자면, 가톨릭교가 아닌 그리스 정교를 받아들였기 때문에 흔히 러시아는 그리스 정교를 수용했다고 말한다. 그러나 오직 연대기 내용만을 근거로 블라디미르가 그리스 정교를 채택했다고 볼 수는 없다. 작가는 그리스 정교의 시각으로 연대기를 썼기 때문에 블라디미르의 정치적 행동을 그리스 정교 입장에서 미화하고 합리화했을 개연성을 부인하기 어렵다.

여기서 기억해야 할 중요한 사실은 신앙 선택 과정에서 발생한 역사적 사건이다. 블라디미르가 신앙을 선택하던 시기에 비잔틴제국에서는 황제의 권위에 반발하는 봉기가 발생했다. 987년 9월 소아시아 지방에서 봉기한 비잔틴제국 군벌 세력의 수장인 바르다 포카는 스스로 황제라고 칭하며 바실리 2세의 권좌를 위협했다. 그러자 콘스탄틴 황제와 공동 통치자로서 위태롭게 자리를 지키던 비잔틴제국의 바실리 2세는 987년 말엽과 988년 초반 사이 겨울에 키예프에 머물고 있던 사절단을 블라디미르에게 보내 도움을 요청했다. 황제의 사절단은 어렵지 않게 블라디미르와 만나서 이 문제를 논의할 수 있었다. 그들 사이에 체결된 합의에는 블라디미르가 바실리 2세를 위해 군사원조를 제공하는 대가로 바실리 2세의 여동생인 안나와 블라디미르의 결혼을 보장한다는 내용이 담겨 있었다. 양측은 특히 블라디미르와 그의 백성들이 기독교 세례를 받는다는 조건도 합의안에 덧붙였다. 이는 당시 새로운 종교를 모색하고 있던 블라디미르가 할머니 올가 공후가 개인적으로 기독교 세례를 받았음을 기억했고 희생제의 의식에서 기독교인 부자의 반발도 경험했기 때문에 기독교에 대해 익히 알고 있었음을 뒷받침해준다.

988년 초여름 콘스탄티노플에는 키예프에서 파견된 군사 약 6천 명이 머물고 있었다. 아비도스와 흐리소폴리스 전투에서 키예프 군대는 바르다 포카가 이끄는 반란군에 맞서 싸워 승리했고, 그 덕분에 바실리 2세는 황제의 권좌를 유지했다. 이와 동시에 키예프 군대는 비잔틴제국에 계속 남아 주둔했고, 블라디미르 공후와 키예프 주민들은 서둘러 세례를 받았다. 그러나 권좌를 유지한 바실리 2세는 합의한 약속을 이행하지 않았다. 비잔틴제국의 황실 전통에 따르면, 황실 가문의 구성원은 비기독교인과 결혼하는 것이 금지돼 있었고 안나 본인도 블라디미르와 결혼하고 싶어 하지 않았다. 합의안에 따라 세례까지 받았던 블라디미르는 그리스인의 두 얼굴에 화가 난 나머지 무력을 사용해서라도 자신의 목적을 이루리라 결심했다. 이러한 결심은 비잔틴제국의 영토였던 크림반도로 진격해 러시아어로 코르순으로 불리는 헤르소네스를 점령하는 것으로 현실화됐다. 바르다 포카의 반란은 진압했지만, 제국을 침략할 기회만 호시탐탐 노리는 불가리아가 여전히 존재하는 상황에서 블라디미르에게 헤르소네스마저 빼앗기자, 바실리 2세는 약속 이행 카드를 선택할 수밖에 없었다. 더욱이 바르다 포카의 동생인 바르다 스클리르가 자기 형의 복수를 다짐하며 잔여 부대를 이끌고 황제의 권좌를 또다시 위협하자 다른 선택지는 없었다. 바실리 2세는 자신의 권력을 유지하기 위해 누이 안나를 설득했고, 결국 안나 공주와 블라디미르 공후의 결혼이 성사됐다.

여기서 블라디미르가 헤르소네스를 점령한 이유를 좀 더 구체적으로 살펴보자. 첫째, 블라디미르는 무엇보다도 비잔틴제국의 기독교 공동체에 편입해 비잔틴제국과 동등한 자격으로 바실리 2세와 교섭하길 원했다. 더욱이 바실리 2세의 황실과 자신의 궁전이 '정치적으로' 동등한 위치에 있기를 원하면서 블라디미르는 키예프의 국제적 위상 제고를 고려하고 있었다. 둘째, 블라디미르는 안나와의 결혼을 간절히 원했다. 그는 비잔틴제국 황실 가문에서 태어난 공주를 아내로 얻으려고 기독교 세례까지 받았다. 하지만 결혼 약속이 이행되지 않자 블라디미르는 약속 이행을 재촉하는 동시에 바실리 2세를 심리적으로 압박하기 위해 헤르소네스를 점령했다. 셋째, 비잔틴제국의 교회로부터 키예프 교회가 독립하는 것이 블라디미르에게는 중요했으므로 그는 코르순의 성직자들이 키예프에 복음을 전하도록 헤르소네스를 점령했다.

당시 역사적 상황을 고려할 때, 첫 번째와 두 번째 이유는 타당성을 인정할 수 있지만, 세 번째 이유는 설득력이 떨어진다. 세례받고 얼마 지나지 않은 시점에 블라디미르가 교회 조직까지 고려한다는 것은 무리가 있고 시기상조이기 때문이다. 우리의 관심을 끄는 이유는 첫 번째와 두 번째다. 특히 두 번째 이유에 주목해야 한다. 블라디미르는 자신의 정치적 입지를 강화하고 키예프의 위상을 높이기 위해 새로운 종교를 찾고 있었다. 따라서 비잔틴제국의 힘이 상대적으로 약해져 바실리 2세가 도움을 요청해 오자 블라디미르는 황제의 요청을 활용해 키예프의 국제적 위상을 높이고 비잔틴제국과 관계에서 주도적인 위치를 선점하고 싶어 했을 것이다. 이렇게 볼 때 군사원조의 전제조건이었던 비잔틴제국 황녀와의 결혼은 블라디미르로서는 무엇과도 바꿀 수 없는 크나큰 영광이었다. 더욱이 제국의 황녀를 신부로 맞이함으로써 어릴 때부터 그를 괴롭힌 노예의 자식이라는 신분적 콤플렉스를 극복할 수 있다고 믿었기 때문이다. 만약 비잔틴제국과 교섭이 원만하게 진행되고 안나와 블라디미르의 결혼도 자연스레 성사됐다면, 1015년 공후가 사망했을 때 그의 시성을 비잔틴제국이 오랫동안 반대할 이유가 없었을 것이다. 그러나 키예프와의 협상이 비잔틴제국에 상대적으로 불리한 상황에서 진행됐다면 안나와의 결혼이 왜 중요했고, 블라디미르가 이 결혼에 집착할 수밖에 없었는지 가늠할 수 있다. 결국 안나와의 결혼이 중요 변수로 작용해 블라디미르는 헤르소네스를 점령했다.

* * * * *

블라디미르가 자신의 권력을 공고히 하고 키예프를 러시아 사회의 정치적, 종교적 중심지로 구축하기 위해 야심차게 준비한 첫 번째 종교개혁을 추진했던 때는 980년이었다. 그리고 새로운 신앙인 기독교를 받아들여 국교로 채택한 시점은 988년이다. 한편, 블라디미르가 정복 활동을 마치고 키예프로 귀환해 페룬에게 감사하는 마음으로 인간희생제의를 거행한 시점은 983년이다. 그리고 이 의식에 반발하는 일부 키예프 주민의 행동을 목격하며 새로운 신앙을 찾기 위해 '신앙 선택' 과정을 진행한 블라디미르가 각지에서 온 사절단과 대화하고, 그들의 종교의식을 직접 확인하기 위해 사절단을 파견한 시기는 986~987년이었다. 이처럼 비교적 짧은 기간에 민간신앙에 근거한 정책과 고등종교인 기독교 수용이라는 완전히 다른 성격의 정책 변화가 발생한 이유는 무엇일까? 블라디미르 공후를 비롯한 지배층의 가치관과 세계관이 약 8년 사이에 변했다고 말할 수 있을까?

기독교 수용 절차가 980년 1차 종교개혁보다 좀 더 신중하게 진행됐다고 볼 수 있지만, 기본적으로 980년 종교개혁의 연장선에서 실행됐다. 블라디미르는 기독교가 필요했던 것이 아니라, 페룬을 대신하는 새로운 신이 필요했다. 정확하게 말하면, 그는 키예프 공후로서 자신의 권력과 위상을 공고히 해줄 수 있는 신을 찾았을 뿐이다. 그 신이 페룬이든 기독교이든 중요하지 않았다. 중요한 사실은 키예프 주민들이 따르고 숭배해서 러시아 사회를 통일시킬 수 있는 신이어야 했다는 것이다.

키예프 주민들이 믿고 있던 페룬을 앞세우려던 키예프 공후들의 지난 노력이 성공을 거두지 못하자, 980년 블라디미르는 유연하게 페룬을 앞세웠지만 그마저도 실패했다. 그리고 새로운 신을 찾는 과정이 진행됐다. 신을 찾는 과정에서 비잔틴제국 안나 공주와 결혼 이야기가 오갔다. 결혼의 전제조건은 기독교 세례였다. 어린 시절부터 신분적 콤플렉스에 시달렸던 블라디미르는 거절할 이유가 없었다. 그래서 그는 세례를 받고 안나와 결혼한 것이다.

신앙 선택 과정에서 발생한 비잔틴제국의 정치적 상황에서 '우연히' 만들어진 안나와 블라디미르의 결혼은 공후의 정치적 목적을 빠르게 달성해 준 촉매제 역할을 했다. 그래서 결국, 대다수 키예프 주민이 기독교를 받아들인 상황에서 지도자와 지배층이 어쩔 수 없이 '필연적으로' 새로운 종교를 수용했다기보다는 블라디미르가 권력 기반을 구축하기 위한 통치 목적 차원에서 '의도적으로' 기독교를 수용했다고 볼 수 있다.

참고문헌

황성우. 「타자의 수용: 러시아 정교와 민간신앙의 혼종」. 『슬라브硏究』. 36권 4호 (2020).

황성우·김용환. 『러시아 왕조: 러시아 역사 속 군주 이야기』. 서울: 인문과 교양, 2019.

Повесть Временных Лет. Перевод Д. С. Лихачева, Петрозаводск: Карелия, 1991.

제6장

절반의 성공?

소련 사회주의 체제 속 서구 자본주의 양식

송준서

6

1917년 10월 블라디미르 레닌(1870~1924)의 주도 아래 혁명을 성공시킨 러시아 볼셰비키들은 세계 최초의 사회주의 체제를 수립한 후 정치, 경제, 사회, 문화 등 모든 분야에서 사회주의 정책을 실행해 나갔다. 이는 그야말로 인류사 초유의 '실험'이었다. 하지만 소비에트 체제가 순수하게 사회주의 원칙을 통해서만 확립되거나 운영됐다고 이해한다면 큰 오산이다. 결론부터 말하면 신생 소비에트 정부는 자본주의 국가의 노동과 생산 방식을 적극적으로 도입했고, 자본주의 국가의 산업시설과 도시설계 기술자들을 초빙하여 그들의 '비법'을 소비에트 산업과 도시건설에 십분 활용하고자 했다.

실제로 국가건설 초기인 1918년부터 1930년대까지 소련 정부는 서구 자본주의 방식을 도입하여 자국의 생산과 건설 현장에 최대한 활용했다. 이 과정에서 그들은 노동생산성 제고와 노동 체계화를 위해 미국에서 테일러 시스템(Taylor System)을 수용했다. 또 생산 체계화를 통한 대량생산을 이루기 위해 미국 포드자동차의 생산체제(Fordism)를 도입했다. 끝으로, 세계 최대 제철도시와 제철소 건설을 위해 미국에서는 제철소 건설기술자들을, 독일에서는 도시설계 기술자들을 초빙했다.

물론 서방 자본주의 국가의 기술 비결과 기술자 수용·도입이 소비에트 시기 전반에 걸쳐 이루어진 것은 아니었다. 소련의 자본주의 방식 수용은 1930년대 말부터 중단됐다. 1930년대 중·후반 이후 볼셰비키 공산주의 정권을 제1의 적으로 설정한 아돌프 히틀러(1889~1945)의 나치독일 정권과 소비에트 정부 간 대립이 심화하면서 1930년대 말 이오시프 스탈린(1878~1953) 정부는 자본주의 국가에서 온 소련 내 외국인을 소비에트 체제에 위협이 되는 세력으로 간주하고 추방하기 시작했고 외국인 입국도 철저히 제한했다. 이런 분위기에서 1920년대와 30년대 초반까지 활발히 전개된 자본주의 국가의 기술과 기술자 수입은 전면 중단됐다. 또 제2차 세계대전(1941~45) 종전과 나치독일 패망 이후 미국과 소련 간 냉전이 격화하면서 소련은 이제 자본주의 국가들을 제1의 적으로 설정하고 사회주의-자본주의 간 체제 경쟁에 몰입했다.

그 결과 제2차 세계대전 이후부터는 1920~30년대처럼 소련 정부가 자본주의 국가에서 기술이나 인력을 공공연히 도입하는 일은 사라졌다. 다만 1960년대 중반 소련 경제가 활력을 잃고 생산 동력이 떨어지자 1965년 소련 정부는 알렉세이 코시긴(1909~80) 총리의 주도로 기업의 자율성 확대와 이윤 추구를 허용하고 권장하는 이른바 '코시긴 개혁'을 추진했다. 이 개혁정책은 소련 경제학자 엡세이 리베르만(1897~1981)이 고안해 낸 것이지만 사실 핵심 내용은 자본주의식 기업 운영방식이었다. 그러나 이 개혁은 소련 기업 운영자의 눈치보기와 소극적 기업 운영방식 등으로 기업 현장에서 효율적으로 수행되지 못하다가 수년 후 폐기되는 운명을 맞이했다. 그리고 코시긴 개혁은 자본주의식 성격을 띠었지만 서구 자본주의 국가로부터 직수입된 것은 아니었다.

레닌의 러시아 후진성 극복 노력

레닌은 사회주의 혁명을 성공시켰을지라도 오로지 사회주의 이념을 통해서만 국가를 건설한다는 것이 절대로 쉽지 않음을, 아니 거의 불가능함을 잘 깨닫고 있었다. 사실 마르크스는 사회주의 혁명이 자본주의가 고도로 발전한 서방 산업선진국에서 노동자들이 규합하여 자본가들에 대항함으로써 발생할 것이라고 예상했다. 하지만 현실은 달랐다. 최초의 사회주의 혁명은 선진 자본주의 국가가 아닌 이른바 '약한 고리'였던 러시아에서 발생했다. 러시아에서는 산업혁명이 유럽보다 뒤늦게 시작됐고 산업화도 19세기 중후반에 이르러서야 본격화했다. 사회주의 국가 건설의 주축이 되어야 할 '계몽된' 프롤레타리아(무산계급) 숫자도 서유럽 국가들보다 상대적으로 적었다. 혁명 직후 러시아의 이런 현실은 프롤레타리아 계급을 주축으로 하여 새로운 사회주의 국가를 건설한다는 볼셰비키들의 계획에 분명한 장애물로 다가왔다.

레닌이 혁명을 성공시킨 직후 러시아의 사회·경제적 상황은 암울했다. 당시 한 조사에 의하면 러시아 전체 인구 중 문맹률이 70%에 육박했다. 유럽 쪽 러시아는 그나마 상황이 나은 편이었다. 인구 1,000명당 약 330명 정도가 글을 읽고 쓸 수 있었다. 반면 시베리아 지역이나 북캅카스 지역 등 이른바 변경 지역의 상황은 더 암울했다. 이런 상황을 정확히 간파하고 있었던 레닌은 러시아 혁명 직후인 1918년 러시아를 '반(半)아시아적'인 후진성이 지배하는 '반(半)문명화'된 국가로 규정했다.

러시아 인민대중의 이처럼 낮은 계몽 수준에 더해 당시 진행되고 있던 제1차 세계대전(1914~18)의 양상은 레닌이 러시아의 후진성 극복 문제를 더욱 절감하게 했다. 20세기에 들어와서 발발한 1차 세계대전은 그야말로 19세기와 20세기를 갈라놓은 분수령이었다. 이전 전쟁에서 보지 못한 비행기, 탱크, 기관총, 잠수함, 독가스 등이 동원됐다. 이런 '첨단 무기'들은 당시 과학과 기술의 결집체로 실로 가공할 만한 파괴력으로 인적, 물적 피해를 낳았다. 이 전쟁에서 러시아 군대는 교전국 중 가장 많은 인명피해를 입었는데 군인과 민간인을 합한 전체 사망자 수만 해도 최소 280만 명에 달했다. 이는 전쟁을 일으킨 독일의 사망자 수(최소 220만 명 추산)보다도 60만 명이나 많았다. 1차 세계대전의 파괴력과 인적, 물적 피해를 목격한 레닌은 이렇게 단언했다.

"전쟁은 우리에게... 사람들이 고통받았다는 것 외에도, 최고의 기술과 조직, 규율 그리고 최고의 기계를 가진 자가 최고에 등극한다는 것을 가르쳐 주었다. 이것이 전쟁이 우리에게 가르쳐 준 것이다. 기계와 규율 없이 현대 사회를 살아나간다는 것은 불가능하다. 최고의 기술에 숙달하는 일이 절대적으로 필요하다. 그렇지 않으면 파멸만이 남게 될 것이다."

기술과 노동의 체계화, 과학 지식의 습득은 20세기에 접어든 모든 국가에 절체절명의 목표로 다가왔다. 이런 상황에서 소비에트 볼셰비키 지도부가 해야 할 당면 과제는 무엇이었을까? 바르 서방의 선진 지식과 기술을 수입해 러시아에 이식한 후 러시아(소비에트)화하는 것이었다. 이런 의미에서 레닌은 볼셰비키 혁명 직후 러시아의 후진성을 극복하기 위해 '서구 부르주아의 기술과 과학 지식'을 수용하는, 다시 말해 서구 지식문화를 도입하는 '문화혁명'을 일으켜야 한다고 주장했다.

테일러 시스템의 수용

그렇다면 볼셰비키 지도부는 서구의 어떤 기술을 수용하고자 했을까? 일례로 레닌은 볼셰비키 혁명을 성공시킨 직후인 1918년 당시 자본주의 체제의 노동 운용방식인 테일러 시스템을 도입해야 함을 역설했다. 테일러 시스템이란 노동효율성을 극대화하여 최고의 노동생산성을 얻어내기 위한 일종의 노동 관리방식이었다. 미국의 프레데릭 테일러(1856~1915)는 1900년대 초부터 노동자에게 적절한 연장 사용과 함께 훈련을 시키고 성과달성에 대한 인센티브를 제공하는 방식을 도입했다. 특히 그는 노동자 개개인의 작업환경을 최적의 상태로 만드는 데 주안점을 뒀다. 예를 들어 선반공의 경우 선반대 높이, 조명 밝기, 조명과 선반 사이 거리 등을 세밀하게 조사하여 노동자의 불필요한 동작을 최대한 줄이게끔 조정함으로써 최상의 상태에서 선반 작업을 할 수 있게 하여 최고의 노동생산성을 달성하게 했다. 그는 또한 노동자들이 시간을 낭비하지 않도록 작업 과정에 스톱워치까지 도입하기도 했다. 이처럼 새로운 노동 관리체제는 당시 미국 노동자들로부터도 노동력 착취를 위한 최신 방식이라고 비난받은 시스템이었다. 레닌은 자본주의 국가에서도 비난받은 노동 관리 시스템을 러시아의 노동생산성을 높이고자 도입했다.

물론 레닌도 테일러 시스템의 노동 착취적 성격을 명확히 인지했다. 그는 볼셰비키 혁명 바로 이듬해인 1918년「소비에트 정부의 당면 임무」라는 글에서 테일러 시스템이 "자본주의적 착취의 최신 방식이기 때문에 유명하다"라고 지적했다. 이어서 그는 이 제도가 일종의 노예노동 제도로 임금을 동결시켜놓고 노동력을 2~3배 착취하는 수단으로 사용되고 있다고 언급했다. 하지만 레닌은 동시에 테일러 시스템의 장점을 소개하면서 이렇게 강조했다.

> 우리는 테일러 시스템이 생산과정을 체계적으로 분석하고 인간노동의 효율성을 엄청나게 향상하는 방법을 개척한 것으로 위대한 과학적 진보를 이룬 것임을 한시라도 잊어서는 안 된다.

이처럼 테일러 시스템의 문제점과 함께 장점을 소개하면서 레닌은 이 "미국식 노동 효율성" 관리 제도를 소비에트 사회주의 체제하에서는 노동시간을 절약하여 노동력을 낭비하지 않는 방향으로 노동과 생산을 개편해야 한다고 강조하면서 테일러 시스템을 사회주의 체제에 맞도록 수정해서 적용해야 한다고 주장했다.

혁명 직후 미국식 노동 관리 제도에 대한 레닌의 긍정적 평가와 함께 사회주의 체제에 맞게 수용해야 한다는 그의 역설을 기반으로 내전(1918~21) 종료 이후 테일러 시스템 수용 논의가 본격적으로 전개됐다. 사실 레닌 외에 다수의 볼셰비키 지도부도 테일러 시스템의 효율성에 상당한 매력을 느꼈고, 이 제도의 수용에 많은 관심을 보였다. 1921년 볼셰비키 정부는 '노동의 과학적 조직'이라는 주제로 테일러 시스템을 어떻게 소비에트 노동 현장에 정착시킬지를 두고 제1차 학술회의를 개최했다. 볼셰비키 정부가 학술회의 명칭에서 테일러 시스템이라는 말을 빼고 대신 '노동의 과학적 조직'을 넣은 이유는 테일러 시스템이 연상시키는 착취적 성격을 피하는 데 있었다. 이 회의를 통해 노동 관련 연구소와 학교 간에 네트워크가 형성됐고 노동생산성과 효율성 문제를 다루는 잡지들도 창간됐다.

그렇다면 외국의 이런 노동 관리체제는 소련 노동 현장에 무리 없이 온전하게 수용됐을까? 반드시 그런 것은 아니었다. 테일러식 노동 관리 제도의 반대자들은 테일러식 관리 시스템이 노동력의 최적화된 사용을 추구하는 것이 아니라 노동력 사용의 극대화를 목표로 하는 것이라고 비난하면서 그런 방식이 노동자 간 분열을 조장하고 평등을 저해하며 궁극적으로 노동자들을 소나 기계로 취급하게 될 것이라고 항변했다. 이 과정에서 내전 말기 1921년 반볼셰비키 봉기를 일으켰던 크론시타트 노동자들과 수병들은 볼셰비키들이 테일러의 '노동착취 제도'를 도입하려 한다고 비난했다. 결국 1920년대 레닌 정부가 후진성을 탈피하고 과학과 기술을 노동 현장에 접목해서 근대적 노동문화를 창조하기 위해 일으켰던 테일러 시스템 수용 열풍은 지나치게 유토피아적이고 상징적인 측면을 점차 드러냈다. 테일러 시스템 수용 열기는 결국 소비에트 현실과 부합하지 못하고 1930년대 스탈린 정부가 들어서면서 서서히 사그라졌다.

포드 시스템의 수용

1920년대 레닌 정부는 테일러 시스템 외에 당시 미국 포드자동차 회사의 대량생산 방법인 포드 시스템도 적극적으로 수용했다. 포드자동차 설립자인 헨리 포드(1863~1947)는 19세기 말부터 1차 세계대전 발발에 이르는 시기에 공장 운영방식에 일대 혁신을 가져온 인물이었다. 특히, 그는 공장에 제품 조립라인을 세계 최초로 도입해서 생산 공정이 단절되지 않고 물 흐르듯이 지속해서 움직이게 함으로써 생산 공정 시간을 단축하여 대량생산을 가능케 했다. 조립라인을 운영하려면 무엇보다도 생산 공정의 정확성과 부품의 규격화, 노동자 간 협업이 필수조건이었는데, 바로 이 모든 것이 어우러져 대량생산 체계를 갖추게 됐다. 이처럼 포드 시스템은 1920년대 소련에서 테일러 시스템과 함께 '아메리카니즘'으로 불리면서 근대성의 상징으로 인식됐다. 사회주의 국가 건설을 위한 생산의 체계화는 노동의 체계화와 함께 소련 생산 현장에서 무엇보다도

시급한 과제였으므로 레닌 정부는 포스 시스템을 적극적으로 수용했다. 당시 소련에 파견돼 있던 한 미국 기술자는 1920년대 소련에서 "포드는 바로 미국을 의미했으며, 당시 소련 지도부는 저렴한 가격의 소비재 대량생산을 목표로 했기에 미국과 미국이 성취해낸 모든 것이 이 거대하고 낙후된 나라의 모델로 비쳤다"라고 회고했다.

1926년경 소비에트 정부는 포드 트랙터와 자동차 수만 대를 미국 포드사에서 수입했다. 이듬해에는 소련 내 트럭과 트랙터 중 포드사 제품이 85%에 육박하리만큼 인기를 누렸다. 이에 더해 소련은 1920년대 말 제1차 5개년계획(1928-32)을 시작하면서 포드자동차 회사와 기계 부품부터 공장설계 도입, 디트로이트의 포드사 기술자 초청에 이르기까지 포괄적 기술 도입 협약을 체결했다. 이는 당시까지 소련 정부가 체결한 최대 기술 수입 협약이었다. 이런 분위기에서 헨리 포드가 집필한 자서전『나의 인생 나의 업적』의 러시아어 번역본은 소련에서 1920년대 동안 총 8쇄를 찍으며 출간됐다. 1924년 한 해에만 총 4쇄가 인쇄될 정도로 폭발적 인기를 누렸다. 특히 공산당원과 경제학자, 경영자, 기술 전공 학생들에게 포드의 자서전은 필독서가 됐다.

이런 포드 시스템 열기 속에서 '포드방식으로 경영하다'(фордзировать) 라는 신조어도 생겨났으며 '포드방식화'(фордизация)라는 용어는 '테일러방식화'(тейлоризация)라는 용어와 함께 1920년대 대학가나 도시에서 '좋은 노동 습관'이라는 의미의 유행어로 널리 사용됐다. 포드 열기와 관련하여 당시 소련에 있던 한 미국인은 공장 관리인들이 레닌 저작을 공부하는 만큼이나 포드에 대해 열심히 공부했다고 전했다. 도시나 공장에서만 아니라 농촌에서도 포드의 인기는 식을 줄 몰랐는데, 공산당 인민위원이었던 레프 트로츠키(1879~1940)는 당시 포드 트랙터 이름인 "포드슨(Fordson)은 진보적 농민 사이에서 가장 인기 있는 단어이다"라고 단언했으며, 심지어 어떤 시골 마을은 마을 이름을 아예 '포르드슨(Фордсон)' 이라고 정하기도 했다.

포드 트랙터는 저렴한 가격과 단순한 구조로 대량생산이 가능해서 1920년대 후반에는 소련에서 위탁 생산하게 될 만큼 인기를 끌었다. 하지만 문제점도 있었다. 하루에 2~3교대로 돌아가는 소련 농장에서 사용하기에는 내구성이 떨어지는 단점이 있었다. 그리하여 소련 위탁공장에서 소련 기술자들이 포드 트랙터 부품을 소련 농장의 작업 상태에 맞게 개조하는 데 성공하여 생산하기 시작했다. 미국의 혁신적인 생산 시스템을 도입하여 소비에트화에 성공한 셈이었다.

스탈린의 급속한 산업화 정책과 서구 기술자 초빙

볼셰비키 혁명 직후부터 소비에트 정부가 자본주의 국가 미국에서 노동·생산 관리 시스템을 활발하게 도입·수용했다고 한다면, 1930년대 스탈린 정부도 산업화 정책 수행 초기에 자본주의 국가 출신 전문가를 적극적으로 초빙해서 그들의 기술과 아이디어를 소련 산업화 수행에 최대한 활용했다.

1920년대 말 당내 권력투쟁에서 승리하고 당서기장 자리에 오른 스탈린은 제1차 5개년계획을 수립하고 산업화 정책을 급속도로 추진했는데, 그 이유는 스탈린이 1931년 우랄 지역 산업 지구를 방문해서 행한 연설에 잘 나타나 있다.

> 속도를 늦춘다는 것은 뒤처진다는 것을 의미한다. 뒤처진 자는 얻어맞게 마련이다. 그러나 우리는 맞기를 원치 않는다. 앞으로 그런 일은 절대 없을 것이다. 러시아의 역사를 보라. 몽골 칸들에게 얻어맞고, 튀르크 귀족들에게 얻어맞고, 스웨덴 봉건 군주들에게 맞았다. 그다음엔 폴란드, 리투아니아 귀족들에게 얻어맞았다. 영국, 프랑스 자본주의자들에게 또 맞았다. 그리고 일본에 얻어맞지 않았는가. 우리는 군대의 후진성, 문화적 후진성, 정부의 후진성, 그리고 산업의 후진성, 농업의 후진성 때문에 얻어맞았다. 우리는 선진국보다 50년 혹은 100년 더 뒤쳐져 있다. 우리는 이 격차를 10년 이내에 따라잡아야 한다. 그렇지 못할 때 우리는 또다시 굴욕당하고 말 것이기 때문이다. 이것이 더는 우리가 후진적일 수 없는 이유이다."

러시아 역사에서 외적의 침략을 받거나 외국과의 전쟁에서 패한 경험을 열거하면서 스탈린이 당시 이렇게 급속한 산업화 필요성 강조한 데에는 이유가 있었다. 1927년 런던 주재 소련무역대표부가 급습당했고 같은 해에 영국이 갑자기 국교단절을 통보했다. 영국은 혁명으로 탄생한 소비에트 정부와 국가를 공식적으로 인정한 첫 번째 국가였는데 이런 상황 변화는 소련에 위기감을 주었다. 또한, 그즈음 폴란드에서 소련 외교관이 피살되는 사건이 벌어지고 중국에서는 중국 공산당이 민족주의 성향의 국민당으로부터 공격받는 사건이 일어났다. 이런 상황에서 소비에트 지도부는 세계 유일의 사회주의 국가인 소련이 적대적인 자본주의 국가들에 의해 포위당했다는 위기의식을 갖게 되었고 곧 자본주의 국가들이 소련을 침공할 수 있다는 분위기가 조성되면서 1920년대 말 소련에서는 전쟁 위기감이 팽배했다.

이런 상황에서 스탈린은 세계 각지로 사회주의 혁명을 확산시켜 사회주의 국가를 탄생시키고 그들 간 연대를 강화하여 생존해 나간다는 정통 마르크스주의자들의 세계혁명론을 폐기하고 세계 유일의 사회주의 국가 소련의 생존을 위해서는 우선 자국의 사회주의 체제를 공고히 건설해야 한다는 '일국사회주의론'을 주창하면서 단시간에 소련 경제와 산업을 부흥시키고자 했다.

따라서 스탈린 정부는 1930년대 소련을 선진 산업국으로 변모시키기 위해 산업화 프로젝트에 최우선권을 둔 제1차 5개년계획을 시작했고 이 기간에 가장 중요한 프로젝트 중 하나는 제철소 건설이었다. 당시 세계 최대 규모의 제철소인 미국 인디애나주 게리(Gary)에 위치한 US스틸을 따라잡는 제철소를 건설하는 것이 스탈린 정부의 목표였다. 소련 지도부는 이 목표를 수립하기 철광석이 풍부하게 매장된 우랄 남부 마그니토고르스크에 제철소를 짓기로 했다.

그러나 세계 최대 제철소 건설을 소련 엔지니어와 기술자만을 동원해서 진행한다는 것은 양적·질적 측면 모두 많은 한계가 있었다. 사실

그때 소련 산업의 주요 분야는 농업이라 할 정도로 중공업 건설 경험이 부족했고 또 소련 전역에서 공장 및 산업 시설이 건설되고 있던 터라 더 많은 전문가가 필요했다. 제철소 건설 분야에서는 선진 산업국의 기술이 더욱 필요한 시점이었다. 결국 스탈린 정부는 미국의 엔지니어들을 마그니토고르스크로 대거 초청하여 제철소 건설 계획 수립 과정에 참여시키고 자문을 구했다. 그리고 이들에게 특별대우를 제공했다. 당시 도시가 아직 조성되지 않아 허허벌판이나 다름없던 마그니토고르스크에서 소련 기술자들과 건설 노동자들은 천막을 치거나 임시 막사를 지어 수년간 기거하는 등 열악한 주거환경 속에 생활했다. 이들과 달리 미국 기술자들은 소련 정부로부터 최고 대우를 받았다. 소련은 이들을 위해 '아메리카나'로 불리는 특별 주거단지에 벽돌로 개인주택을 지어주고 심지어 테니스장까지 조성해줬다. 이는 당시 소련 인민들의 생활 수준에서 볼 때 그야말로 상상을 초월하는 호화판 주거단지였다.

독일인 메이, 소비에트 제철도시를 설계하다

제철소 설계와 건설에 자본주의 국가 미국의 기술자들을 초청한 소련 정부는 제철도시 마그니토고르스크 설계를 위해서도 또 다른 자본주의 국가 독일에서 설계자를 초빙했다. 1920년 레닌 정부가 사회주의 이상 실현을 위해 서구 자본주의 국가의 노동과 생산관리 제도를 직수입했듯이 1930년대 스탈린 정부도 사회주의 이데올로기를 구현한 도시를 건설하는 데 자본주의 국가의 도시설계 전문가를 초빙하는 데 주저하지 않았다. 소비에트 계획자들은 사회주의 도시 마그니토고르스크가 서유럽에서 볼 수 있는 좁고 어두운 골목, 황량한 슬럼가 거리가 아닌 밝고 넓은 거리가 펼쳐진 고급주택가 분위기 속에서 노동자들이 거주하는 도시, 즉 희망과 진보를 상징하는 '사회주의 도시(Соц-город: 소츠-고로드)'로 건설되어야 한다고 굳게 믿고 있었다.

이때 소비에트 계획자들의 눈에 띈 사람이 다름 아닌 독일의 도시설계가 에른스트 메이(1886~1970)였다. 그는 1920년대 독일 프랑크푸르트에서 획기적인 주택 건설과 도시설계로 명성을 떨치고 있었다. 그가 프랑크푸르트에 설계한 노동자 주택지구는 공중목욕탕, 운동장, 극장, 보육원을 완비함으로써 위생과 건강, 교육 등의 혜택을 모두가 공평하게 누릴 수 있게 했고 특히 '평등'의 원칙에 따라 모든 사람이 똑같이 햇볕과 신선한 공기를 접할 수 있도록 표준화·규격화된 주택을 설계함으로써 건설비와 기간까지 단축할 수 있게 했다. 이처럼 메이의 도시설계는 소련 지도부가 보기에 제철도시 마그니토고르스크를 자본주의 도시와는 상반된 사회주의 이상을 반영한 '소츠 고로드'로 만들기에 최적의 인물이었다. 따라서 소련 지도부는 메이가 마그니토고르스크를 전 세계에서 가장 훌륭한 노동자 주거지구를 갖춘 사회주의 도시이자 전원도시로 만들어 주기를 기대하면서 그를 직접 초빙했다. 소련 지도부와 메이는 그가 소련에 입국하기 전인 1929년부터 전보를 주고받았다. 이 과정에서 소련 지도부가 마그니토고르스크의 노동자 주택단지 건설에 대한 자문을 구하자 메이는 현지 소련 설계사의 안을 수정하고 자신의 안을 제시하기도 했다.

메이는 1930년 말 자신의 독일 설계팀 17명을 대동하고 마그니토고르스크에 도착했다. 그는 당시 소련 정부로부터 마그니토고르스크 도시설계 전권을 위임받은 상태였다. 하지만 놀라운 사실은 메이가 마그니토고르스크에 처음 도착했을 때 건물 공사가 이미 진행되고 있었다는 것이다. 이때는 메이가 소련 지도부에 보낸 도시설계안이 마그니토고르스크 지역 관리자에게 전달되지도 않은 상태였는데도 말이다. 확인 결과 메이가 도착하기 이미 3개월 전에 지역 관리들이 제16차 소련 공산당대회 개최 시기에 맞추어 아파트 건물의 기초를 닦고 정초식 행사를 제철소 건설 노동자 14,000명을 소집해서 성대히 치른 후 공사를 시작하고 있었다. 이는 소련 중앙정부 지도부의 지침이 저 멀리 우랄 남부 지역의 지방정부에서 잘 전달되지 않았거나 전달되어도 현장에서 잘 지켜지지 않곤 했음을 보여주는 단적인 사례였다.

이후 메이가 마그니토고르스크를 설계하면서 부딪친 난관은 소련 지도부의 정책 결정 과정의 문제점이었다. 마그니토고르스크에는 북에서 남으로 도시를 관통하는 우랄강이 흐르고 있었고 제철소는 철광석이 풍부하게 매장된 우랄강 동쪽의 마그니트카산 가까이에 건설하도록 계획을 수립했다. 문제는 노동자 거주지의 위치 설정이었다. 메이가 보기에 제철소가 위치한 우랄강 동편에 노동자 주택지구와 함께 도시 생활공간을 설계하면 제철소에서 뿜어져 나오는 각종 유해 물질이 바람을 타고 제철소 남동부 지역에 만들어질 주택지구를 덮치게 될 것이었다.

이를 방지하기 위해 제철소와 주택지구 사이에 소공원이나 숲을 조성해 공해를 방지하는 방안도 고려했으나 역부족일 것이었다. 그렇다고 강 서쪽 지구에 도시를 건설하면 제철소 출퇴근 시 다리를 건너 이동해야 하는 번거로움과 거리가 멀어져 시간 관리에도 부정적 영향을 미치게 된다. 메이는 이런 상황을 모스크바 지도부에 보고했고 주거지를 우랄강 동편에 건설하는 방안과 서편에 건설하는 방안을 모두 만들어 어느 쪽을 선택할지 모스크바의 최종 결정을 기다렸다.

그러나 도시건설 위치를 놓고 중앙정부 지도부의 다양한 부서에서 여러 관료가 상반되고 상이한 결정을 내림으로써 메이와 마그니토고르스크 현지 관계자들에게 혼선을 주었다. 모스크바 중앙정부 부서에서는 처음에 강 동쪽의 도시 건설안을 지지했다가 곧이어 강 서쪽 건설안, 그 다음에는 또다시 강 동쪽 건설안을 결정했다. 그러나 시간이 얼마 되지 않아 우랄강 서쪽의 도시 건설안에 대한 타당성 예비조사를 지시했다. 하지만 그때쯤에는 이미 제철소 노동자들이 몰려 살고 있던 강의 동쪽 지역에 주택지구가 건설되고 있어서 결국 우랄강 동쪽에 도시가 건설됐다. 결과적으로 제철소 노동자들은 메이가 애초 우려했던 것처럼 해로운 공기를 들이마시며 생활하는 신세가 됐으며, 이후 1936년에 이르러서야 강 서쪽에 주택지구가 건설되기 시작했다. 이렇게 모스크바 지도부가 결정을 번복하고 모순된 지시를 내리는 동안 도시건설은 메이가 계획한 대로 수행되지 못했다. 메이는 소련 관료들의 정책 결정을 둘러싼 불합리성과 비효율성에 깊이 실망할 수밖에 없었다.

한편 중앙정부의 정책 결정을 둘러싼 문제점과는 별개로, 외국이었기 때문에 마그니토고르스크의 현지 기후, 기반시설, 건설자재 보급 현황, 노동자들의 정서와 자질 등에 대해 미리 충분하게 파악하지 못한 것도 메이의 도시건설 계획에 뜻하지 않은 부정적 영향을 미쳤다. 메이는 마그니토고르스크 노동자 주택단지를 건설할 대 아파트 동을 일직선으로 배치하고 각 가구에는 부엌이 없는 집을 설계했다. 메이가 이처럼 설계한 것은 '평등'의 이데올로기를 구현하기 위한 것이었다. 아파트를 일직선으로 배치하여 누구나 동등하게 햇볕이 들고 신선한 공기가 유통되는 아파트를 짓고자 했기 때문이다. 하지만 러시아의 여타 지방처럼 우랄 지방에서도 겨울철은 강한 바람과 함께 혹한이 몰아치는 날이 잦기 때문에 일반적으로 아파트 동을 사각형으로 둘러싸게 설계하고 가운데는 정원을 배치해 각 동이 바람을 막을 수 있게 짓는 것이 보편적 설계였다. 이와 달리 메이가 건설한 주택단지는 겨울철 매서운 바람이 아파트 동 사이를 그대로 통과하게 설계되어 추위에 취약했다.

게다가 메이가 아파트에 부엌을 설계하지 않은 것도 노동자들의 반발에 부딪혔다. 메이의 부엌 없는 아파트는 사실 소련 정부가 1929년 사회주의 도시건설의 기본 원칙으로 내세운 '일상생활에서 사회화 및 사회활동 극대화'를 적극적으로 반영한 것이었다. 즉 사회주의 사회에서는 공중생활이 극대화됨으로써 식사도 가정이 아닌 직장이나 도시의 공공식당에서 하게 된다는 것을 고려한 설계였다. 하지만 이를 두고 마그니토고르스크 노동자들은 "소비에트 노동자가 필요로 하는 것이 전혀 반영되지 않은" 설계라면서 지역 당 지도부에 거세게 항의했다.

이와 대조적으로 메이는 가정마다 화장실을 설계했다. 문제는 마그니토고르스크에 사전 설치된 하수구 시설이 없었을 뿐만 아니라 화장실 하수와 정화조를 연결할 배관 파이프조차도 없었다는 것이다. 이런 이유로 화장실이 아파트 건물 밖에 임시로 설치됐고 영하 40도를 오르내리는 한겨울에도 사람들은 화장실에 가려면 4층 건물에서 밖으로 뛰어내려서 나가야 하는 촌극이 벌어졌다. 더욱이 현지 건설노동자들은 종종 메이의 설계를 멋대로 변경하여 시설을 약식으로 짓는 경우도 비일비재했다. 그래서 독일 설계자들은 이들이 만들어 놓은 시설을 보고 혀를 내두를 정도였는데, 작업 수준이 그만큼 열악한 경우가 많았기 때문이다. 사실 주택 건축은 당시 소련 건축에서 가장 뒤떨어진 분야였다. 게다가 마그니토고르스크에서는 모든 자재와 인력이 제철소 건설에 우선해서 투입됐다. 이런 상황에서 메이는 계획한 도시건설을 지속할 수 없었다. 급기야 1932년에 메이는 도시계획 업무에서 배제됐고 이듬해인 1933년에 실망감과 당혹감을 감추지 못하고 소련을 떠났다.

이처럼 마그니토고르스크 도시건설 사례는 소련 정부가 혁신적인 아이디어와 노하우를 지닌 자본주의 국가의 전문가를 초빙하여 사회주의 이데올로기에 부합하는 도시를 건설하려 했으나 소련 현실과 현지 상황은 유토피아적인 아이디어를 실행에 옮기는 데 녹록지 않았음을 보여준다. 테일러주의는 도입 당시 노동 관리 측면에서 혁신적 성격이 있었음에도 노동 현장에서 자본주의적 노동착취 제도로 비난받고 거부반응이 표출됐다. 그런데 독일 도시계획가 메이의 주택건설안은 사회주의 이상을 너무 급진적으로 구현한 것이 오히려 노동자들로부터 거부반응을 불러일으켰다. 사실 독일의 주거환경이 기반한 주택건설 계획은 소련의 오지 마그니토고르스크에서 제대로 실현되기 어려웠다. 기반시설 구비 측면에서 소련 지방의 상황은 유럽 도시와는 너무나도 달랐기 때문이었다. 소비에트 사회주의의 높은 이상과 후진적 현실의 간극은 너무나도 컸다.

이상과 현실 사이에서 이룬 절반의 성공

소비에트 체제가 수립되기 200년 전인 18세기 초 표트르 대제는 서구화 정책을 적극적으로 시행하면서 서유럽 국가에서 국가 행정, 산업, 교육 등 많은 분야에 걸쳐 선진 기술을 도입했다. 그러나 볼셰비키 혁명이 발발한 20세기 초 러시아는 유럽 국가들과 비교하여 여전히 후진성을 면치 못하고 있었다. 이런 상황에서 사회주의 이상을 실현해내기 위해 소비에트 체제 초기의 두 지도자인 레닌과 스탈린은 러시아의 후진성 극복을 위해 서방 자본주의 양식을 서슴없이 도입했다. 이들은 사회주의 이상 실현을 위해 이데올로기를 중시한 이데올로그였을지라도 이데올로기에만 매몰되어 소비에트식 제도와 전문가들만 고집하지는 않았다. 다시 말하면, 레닌은 사회주의 목표 달성을 위해 노동착취의 상징으로 비난받던 자본주의 체제의 노동·생산관리 제도를 적극적으로 도입했고 스탈린은 사회주의 도시건설을 위해 자본주의 국가에서 도시계획가를 초빙했다. 이런 점에서 두 지도자는 이데올로그이기도 했지만 동시에 현실주의자, 실용주의자이기도 했다.

레닌이 도입한 테일러 시스템은 당시 사회주의 이상과 접목되어 1920년대 소련의 생산 현장에 도입됐고 성과도 어느 정도 낳았지만 지나친 이상주의적 면모와 함께 노동력 착취제도라는 반대에 부딪히면서 소비에트 산업현장에 완전히 뿌리박지 못한 채 1930년대에 자취를 감췄다. 그러나 레닌이 도입한 대량생산 시스템인 포드 시스템은 소련에 성공적으로 이식되어 훗날 소련 농업 상황에 맞게 포드 트랙터를 개조한 소비에트 트랙터까지 생산됐다. 그런가 하면 스탈린은 1930년대 초 급속한 산업화 정책을 실행하면서 미국 기술자들을 초빙하여 세계 최대의 마그니토고르스크 제철소를 건설하는 동시에 독일 도시계획가와 건축가들을 초빙하여 사회주의 이상을 구현할 소비에트 제철도시를 건설하고자 했다. 실제로 미국 기술자들의 도움으로 마그니토고르스크 제철소가 성공적으로 건설됐다. 하지만 제철도시 건설을 맡은 독일 도시계획가의 계획은 소련 지도부의 비합리적인 정책 결정 문화, 예상치 못한 건설 현장 상황, 기후 문제, 소비에트 노동자들의 정서 등에 부딪히면서 부분적으로만 실현될 수 있었다. 서구 자본주의 방식과 기술은 사회주의 이상 실현을 위해 소비에트 사회주의 건설 초기 도입되어 소련 현실 속에서 부분적으로 수용되어 토착화되고 성과를 올리기도 했지만 동시에 소련 현지의 상황과 정서 등과 맞부딪치면서 배척되기도 했다. 절반의 성공이었던 셈이다.

참고문헌

그레이엄, 로렌 R.『처형당한 엔지니어의 유령』. 최형섭 역. 서울: 역사인, 2017.

송준서. "시간 앞으로! 우랄산맥 너머의 아시아적 러시아, 신화적 철강도시 마그니토고르스크를 가다."『월간조선』. 2002년 5월.

피츠패트릭, 쉴라.『러시아혁명 1917-1938』. 고광열 역. 서울: 사계절, 2017.

Kotkin, Stephen. *Magnetic Mountain: Stalinism as a Civilization.* University of California Press, 1997.

Hughes, Thomas P. *American Genesis: A Century of Invention and Technological Enthusiasm, 1870-1970.* New York: Penguin Books, 1989.

Scott, John. *Behind the Urals: An American Worker in Russia's City of Steel.* Bloomington: Indiana University Press, 1989.

Stites, Richard. *Revolutionary Dreams: Utopian Vision and Experimental Life in the Russian Revolution.* Oxford: Oxford University Press, 1989.

제7장

서구를 꿈꾸다

러시아 지방 도시의 유럽 지향성

김혜진

7

러시아는 세계에서 가장 넓은 영토를 갖고 있고 여러 나라와 국경을 맞대고 있다. 다양한 문화가 국경을 넘나들며 러시아 정치, 경제, 사회, 예술 등 많은 영역에 영향을 미쳐왔다. 러시아는 서로 다른 문화권과 오랫동안 관계를 맺어왔으며, 러시아 문화는 다른 문화들과의 관계에서 모방과 수용, 저항과 통합 등 복잡한 과정을 거치며 발전해왔다. 이런 경향은 러시아 도시들의 발전 과정에서도 찾아볼 수 있다.

다른 도시, 같은 풍경

러시아에서 가장 인기 있는 소련 시대 영화를 꼽으라면, 많은 사람이 「운명의 아이러니」(1975)를 떠올릴 것이다. 이 영화는 주인공 제냐 루카셴코가 친구들과 술을 마시며 송년회를 보낸 뒤 인사불성 상태에서 비행기를 잘못 타고 모스크바에서 레닌그라드(현재 상트페테르부르크)로 날아

갔다가, 그곳에서도 자신의 모스크바 집 주소와 똑같은 주소, 똑같은 구조의 아파트를 찾아가게 되면서 일어나는 사건을 그리고 있다. 영화의 큰 줄기를 이루는 이 사건은 소련 시대여서 일어날 수 있었고 소련 국민이어서 쉽게 이해할 수 있었다. 서로 다른 두 도시에 똑같은 주소와 똑같은 아파트가 어떻게 있을 수 있느냐고 되물을 수도 있겠지만, 그럴 만도 한 것이 소련 서민들이 살았던 주거 공간은 외부뿐만 아니라 내부까지 공장에서 찍어낸 것처럼 획일적인 모습이었다.

1953년 스탈린 사망 이후 소련을 이끈 니키타 흐루쇼프(1894~1971) 공산당 서기장은 2차 세계대전 후 심각해진 주택난을 해소하려고 빠른 기간에 지을 수 있는 패널형 아파트를 고안하여 소련 전역에 세우기 시작했다. 흐루쇼프의 이름을 따서 흐루숍카라고 불린 5층짜리 아파트는 크지 않은 규모에 값싼 자재들이 사용됐으며, 최대 3개로 제한된 방 구조까지 획일적이었다. 사생활이 보장되지 않았던 코무날카(화장실, 욕실, 부엌 등을 공동으로 사용하고 한 가구당 하나의 방만 사용할 수 있었던 공동주택)에 살았던 소련 시민들은 가족만의 공간을 찾아서 기꺼이 흐루숍카로 옮겨 갔다. 그러나 심각한 방음 문제를 비롯하여 거주자들의 불만은 이만저만이 아니었다. 흐루쇼프의 뒤를 이어 서기장 자리에 올랐던 브레즈네프는 이런 문제를 해결해 보고자 새로운 형태의 아파트를 건설해 보급했다. 그의 이름을 따서 브레즈넵카로 불렸던 이 아파트는 층수가 늘어나고 방도 넓어졌으며 좀 더 좋은 건축 자재를 사용했지만, 흐루숍카와 마찬가지로 외형은 천편일률적이었다.

흐루숍카와 브레즈넵카 외에도 소련 도시들의 대표적인 주거 공간으로 미크로라이온을 꼽을 수 있다. '작은'이라는 뜻의 '미크로'와 '지역', '구역'이라는 뜻의 라이온이 결합한 미크로라이온은 8,000~12,000명 정도의 주민이 모여 사는 아파트 단지를 가리킨다. 소련 시기 서민들은 자가용 소유가 여의치 않아서 일터와 가까운 곳에 만들어진 미크로라이온에 거주하며 걸어서 또는 버스를 타고 직장에 다닐 수 있었다. 주로 공장이나 특정 기업이 모여 있는 지역에 미크르라이온이 생겨났다. 미크로라이온 안에는 유치원, 학교 등 교육시설과 병원, 가게 등이 잘 갖춰져 있어 주민들은 근거리에서 기본적인 공공서비스를 제공받을 수 있었다. 미크로라이온이 소련 도시들의 외곽에 수십 개씩 세워졌고 결국 비슷한 도시 경관을 만들어냈다.

이런 유사점은 주거 공간에서만 아니라, 도시 안을 구성하는 여러 지명에서도 상당히 많이 찾아볼 수 있었다. 소련 시대 도시 거리와 광장에는 레닌의 이름이 반드시 들어갔고 그 주변에는 어김없이 레닌 동상이 서 있었다. 어느 조사 결과를 보면, 오늘날 러시아에서 레닌의 이름을 딴 지명만 8천 개가 넘는다고 하니 레닌이 소련에서 갖는 상징적 의미는 물론 지명의 획일성도 가늠해 볼 수 있다. 이렇듯 어떤 러시아 도시에 가더라도 마르크스와 엥겔스, 레닌 등 사회주의 이념과 러시아 혁명을 대표하는 인물들의 이름을 딴 거리나 광장이 존재한다. 이와 함께 건설자 거리(스트로이텔리 거리), 프롤레타리아 거리, 소비에트 거리 등 사회주의 냄새가 물씬 풍기는 이름의 거리와 대로, 공원 등을 거닐 수 있다. 러시아 역사에서 가장 중요한 사건으로 꼽히는 2차 세계대전 승리를 기리는 각종 기념비와 동상, 무명용사 추모비와 '꺼지지 않는 불' 등도 소련 도시들의 풍경을 장식하는 주요 요소이다. 사회주의 이념과 노동을 찬미하는 각종 건축물이 러시아 정교회 사원들을 대신해 소련 도시들의 경관을 구성했다. 즉, 어느 도시를 가도 거기가 거기 같은 획일화된 풍경이 소련 시대 도시의 가장 큰 특징이라 할 수 있다.

이와 같은 소련 시대 유산은 오늘날 러시아 도시 곳곳에 여전히 남아 있다. 소련이 해체된 지 30년이 지났지만, 예산 및 행정상 문제로 도시 안의 지명 대부분이 여전히 바뀌지 않고 있다. 도시 구석구석에서 다른 도시에서 본 듯한 똑같은 아파트 단지도 그대로 찾아볼 수 있다.

사회주의 혁명 이전으로의 회귀

1991년 소련 해체 이후 급격한 체제 전환기에 러시아에서는 새로운 정체성 모색 움직임이 강하게 일어났다. 특히 체제 전환 이후 러시아의 많은 지방 도시들은 과거의 획일적 모습에서 벗어나려고 노력하고 있다. 러시아 지방 도시들은 소비에트 이미지를 벗어던지고 과거 역사를 탐구하며 옛 정체성을 되찾거나, 아니면 과거에서 벗어나 완전히 새로운 정체성을 구축하려 한다.

첫 번째 경향에 해당하는 도시들은 과거 역사로, 특히 1917년 사회주의 혁명 이전의 역사로 돌아가려고 한다. 이런 도시들은 혁명 이전 제정 러시아 시대의 도시 문장을 되살리는 일부터 착수했다. 2차 세계대전 당시 수많은 탱크를 생산하며 일명 '탱크 도시'로 불렸던 우랄 지역 도시인 첼랴빈스크는 '낙타'를 새로운 도시 문장으로 가져왔다. 낙타는 제정 러시아 시대 이 지역의 문장으로, 동서 교역 중심지이자 교통의 요지였던 이곳을 상징했다. 소련 시기에는 낙타를 대신해 이곳의 주력 생산품이었던 트랙터가 도시 문장을 장식했다. 그런데 소련 시기 자취를 감췄던 낙타가 소련 해체 이후에 도시 상징으로 재등장했다. 현재 첼랴빈스크 도시 문장에서 소련 시절 도시 문장을 구성한 요소들, 예를 들면, 이곳의 산업화를 상징했던 트랙터와 산업 시설, 계몽을 의미했던 책은 감쪽같이 사라졌다.

흑해 인근 도시인 크라스노다르의 사정도 비슷하다. 이곳은 1920년까지 '예카테리노다르'로 불렸다. 1792년 예카테리나 2세는 흑해 카자크(코사크) 군대에 쿠반 영토(쿠반강과 아조프해 사이)를 선사했다. 1년 후인 1793년 이곳에 도시가 형성되면서 카자크들이 '예카테리나 2세의 선물'이라는 의미로 도시명을 예카테리노다르(여기서 '다르'는 선물이나 은혜를 가리킴)로 지었다. 크라스노다르의 정식 승인된 도시 문장은 없었지만, 비공식적으로 사용하는 도시 문장은 존재해왔다. 당시 문장은 요새 성벽과 러시아 국가문장인 쌍두독수리가 들어간 방패, 그 양옆에서 창을 들고 지키고 서 있는 카자크 병사 두 명의 모습으로 구성됐다. 소련 시대에 들어서면서 도시 문장은 완전히 바뀌었다. 이 시기 크라스노다르의 도시 문장에는 청동 톱니바퀴, 황금빛 밀 이삭, 공장과 석유·가스 시설이 그려져 있었다. 톱니바퀴는 이곳에서 발전했던 기계산업을, 밀 이삭은 이

[그림 1] 크라스노다르의 도시 문장 변화

곳(정확히는 이곳에 속한 쿠반 지역)이 소련의 주요 곡창지대였음을, 공장과 가스통 같은 시설은 이 지역 산업을 가리켰다. 소련 해체 이후 1999년 공식적으로 바뀐 도시 문장은 제정 러시아 시대의 문장을 조금 변형시킨 것이다.([그림 1])

그런가 하면, 해당 도시에서 배출된 역사적 위인을 내세워 새로운 도시 정체성을 알리려는 곳도 있다. 러시아 북서 지역의 크지 않은 도시인 프스코프는 '올가 공후'라는 위인을 부각하여 역사와 전통이 서린 정교 도시의 이미지를 드러내고 있다. 올가는 러시아 최초로 정교 세례를 받았을 뿐만 아니라 여성으로는 처음으로 러시아 정교 성인의 반열에 오른 인물이다. 그녀는 원정 중 죽음을 맞이한 남편 이고리 공후와 어린 아들 스뱌토슬라프를 대신해 키예프 러시아를 다스렸던 러시아 역사상 첫 번째 여성 통치자로도 잘 알려져 있다. 이처럼 프스코프는 러시아 역사와 종교에서 상당한 의미가 있는 인물인 올가 여공을 내세우며 새로운 도시 이미지를 디자인했다.

사회주의 혁명 이전의 역사로 회귀하려는 성향은 도시 이름의 변화에서도 찾아볼 수 있다. 잘 알려졌듯이, 사회주의 혁명 이후 많은 도시 이름이 걸출한 혁명가나 소비에트 정치가 등의 이름을 따라 바뀌었다. 대표적인 예가 칼리닌그라드이다. 러시아 본토에서 뚝 떨어져 폴란드와 리투아니아 사이에 있는 이 고립 도시는 사실 독일 영토였다. 저명한 독일 철학자 임마누엘 칸트가 태어나 살다가 사망한 이곳은 2차 세계대전 이후 포츠담 회담의 결과에 따라 소련 영토가 됐다. 쾨니히스베르크라는 도시명은 2차 대전 직후인 1946년 사망한 미하일 칼리닌 소련 최고회의 간부회 의장을 기리기 위해 그의 성을 따서 '칼리닌그라드'(그라드, 고로드는 '도시'라는 뜻)로 바뀌었다. 이렇듯 사회주의 혁명 이후 일부 도시들은 유명한 소련 정치인들의 이름을 따라 도시명을 바꾸었다. 그런데 소련이 해체되고 나서 그 이름을 버리고 예전 이름을 찾으려는 도시들이 생겨났다. '레닌의 도시'를 가리키는 레닌그라드는 다시 상트페테르부르크로, 우랄의 중심지인 스베르들롭스크는 예카테린부르크로 바뀌었다. 볼가강의 대표 도시인 니즈니노브고로드는 이곳 출신의 작가 막심 고리키의 필명을 따라 고리키로 불리다가 소련 해체를 앞두고 본래 이름을 되찾았다.

그러나 모든 도시가 소비에트 이미지에서 벗어나고자 한 것은 아니다. 딱히 내세울 만한 역사적 사건이나 인물 등이 없는 도시들은 차라리 소비에트 시절의 영광을 조금 더 누리려 한다. 앞서 봤던 첼랴빈스크가 제정 러시아 시대의 도시 상징이었던 낙타를 도시 문장으로 다시 불러들였다면, 첼랴빈스크의 이웃 도시이자 또 다른 중공업 도시인 마그니토고스르크는 소련 시절 도시 문장의 핵심 모티프였던 검은 삼각형을 그대로 가져왔다. 검은 삼각형은 이 지역의 산과 이곳에 매장된 철광석, 변변한 집도 없이 허허벌판에서 고생하며 살았던 노동자들의 천막집을 가리킨다. 그런가 하면, 러시아 남서부의 브랸스크주는 소련 시절에 행정구역이 형성됐기 때문에 소련 시대 이전으로 되돌아갈 역사가 없다. 브랸스크주 문장에는 여전히 소비에트 상징인 낫과 망치가 그려져 있다.

수도가 되고 싶은 지방 도시

일부 예외가 있겠지만, 오늘날 러시아 도시 대다수는 새로운 이미지를 조성하여 자신의 명성을 높이려 한다. 도시 이름을 널리 알리려는 노력은 사실 과거에도 있었다. 흥미로운 점은 지방 도시들이 자신의 발전 지향점을 수도에 둔다는 것이다. 많은 도시가 '○○○의 수도'로 불리기를 원한다. 예컨대, 카잔과 니즈니노브고로드는 '러시아의 세 번째 수도' 자리를 두고 오랫동안 경쟁했다. 예카테린부르크가 '우랄의 수도'라고 불린다면, 같은 우랄 도시지만, 예카테린부르크보다 인구수에서 처진 첼랴빈스크는 '남우랄의 수도'를 기치로 내건다. '우랄의 수도' 하나만으로도 충분해 보이는데, '수도'라는 타이틀을 걸기 위해 '남부 우랄'처럼 도시의 지리적 특징을 더 구체화한 것을 볼 수 있다. 첼랴빈스크의 대표 대학이었던 첼랴빈스크폴리텍은 1990년에 '남우랄국립대학교'로 아예 개칭했다.

시베리아 또는 서시베리아의 수도라는 타이틀을 가지고 노보시비리스크, 옴스크가 경쟁하고 있다면, 이르쿠츠크와 크라스노야르스크는 '동시베리아의 수도'로 불리길 원한다. 니즈니노브고로드, 사라토프와 같은 도시들은 '볼가의 수도'를 자처한다. 물론, 행정상으로 러시아연방을 관구로 나누면서 각 관구의 주도는 정해졌다. 시베리아연방관구의 주도는 노보시비리스크이며, 볼가연방관구의 주도는 니즈니노브고로드이다. 그러나 행정적인 틀을 넘어 역사적, 사회·문화적 측면에서 바라보면 '○○○의 수도'라는 이름을 두고 경쟁할 수 있는 도시들은 많이 존재한다.

수도가 되고 싶은 러시아 지방 도시들의 열망은 도시 외관에서도 드러난다. 많은 지방 도시에서 '아르바트'로 불리는 번화가를 찾아볼 수 있다. 아르바트는 모스크바의 오래된 중심가로, 러시아 거리 문화와 예술을 엿볼 수 있는 곳으로 유명하다. 모스크바 시민들은 물론이고 외국 관광객들도 반드시 방문하는 번화가이다. 첼랴빈스크의 '키롭카'는 '첼랴빈스크의 아르바트'로 불린다. 블라디보스토크의 '포킨 제독 거리', 중부 볼가의 작은 도시인 체복사리의 '상인 예프레모프 대로'는 정식 명칭보다 현지의 '아르바트' 거리로 더 잘 알려져 있다. 특정 도시를 찾는 외부인에게 그곳을 설명할 때 '아르바트'라는 별칭으로 충분할 정도로 수도의 특정 지명은 상당한 대표성을 갖는다.

지명뿐만 아니라, 모스크바나 페테르부르크의 유명 건물을 따라 지은 건물들도 러시아 여러 지방 도시에서 만나볼 수 있다. 러시아 중남부 도시 보로네시의 국립오페라발레극장, 카잔의 타타르국립극장, 상트페

[그림 2] 모스크바 볼쇼이극장(상)와 상트페테르부르크 알렉산드린스키극장(하)

테르부르크의 알렉산드린스키극장 등은 모스크바의 볼쇼이극장과 유사한 외관으로 건축됐다.([그림 2]) 첼랴빈스크의 남우랄국립대학교 본관 건물도 모스크바국립대학교 본관의 축소판이라고 할 정도로 굉장히 흡사하다.

이뿐만이 아니다. 러시아 지방 대상인들은 모스크바 건축가들을 불러서 현지에서는 이전에 볼 수 없었던 모스크바식이나 페테르부르크식으로 근사한 저택을 짓기 시작했다. 이런 저택은 현지 주민들에게 그들이 사는 곳도 대도시에 못지않다는 생각을 심어주고 자부심도 느끼게 해줬다. 지금까지 잘 보존된 대상인의 저택들은 현지에서 역사·문화유산으로 지정되면서, 과거의 자부심을 오늘날까지 이어오게 한다. 이렇듯 모스크바나 상트페테르부르크 같은 러시아 수도는 지방 도시에 많은 영향을 미쳤다. 그런데 지방 거상들의 모방 대상이었던 수도의 저택들도 사실은 유럽 양식을 흉내 낸 것이었다. 즉, 수도가 따라 한 유럽 도시의 건축 양식이 지방 도시에도 연달아 영향을 미친 셈이다.

유럽 도시를 꿈꾸다!

유럽 도시를 모방한 러시아 도시를 이야기할 때 가장 먼저 떠오르는 곳은 단연 러시아 제2의 수도이자 '북방의 수도'인 상트페테르부르크일 것이다. 제정 러시아의 근대화 모델을 서유럽에서 찾았던 표트르 대제(표트르 1세)는 이 도시를 '유럽을 향한 창'으로 만들려고 했다. 표트르 대제는 도시 외관부터 유럽식으로 바꾸고자 했다. 그가 러시아 특유의 길고 추운 겨울과는 맞지 않는 각종 식물까지 심으며 유럽의 궁전을 따라 하려 부단히 노력했다는 것은 널리 알려진 사실이다. 그 덕분에 이곳의 많은 건축물은 서유럽 도시를 연상케 한다. 페테르부르크에서 서쪽으로 떨어진 표트르 궁전(페테르고프, 여름궁전)은 프랑스의 베르사유 궁전과 매우 닮았다. 베르사유 궁전 특유의 대칭형 정원 구조나 수많은 분수의 모습은 이곳을 방문했던 표트르 대제에게 새로운 궁전 건축 아이디어를 제공했다.

겨울궁전인 에르미타시는 또 어떠한가? 이름부터 18세기 유럽 왕실의 사적인 공간이었던 '암자'(Hermitage)에서 그대로 가져왔다. 예카테리나 2세가 이것을 모방해 만든 공간에 자신이 수집한 그림들을 전시하기 시작한 것이 오늘날 세계적인 박물관으로 거듭나게 됐다. 경관부터 서유럽 도시와 많이 닮은 상트페테르부르크의 별칭은 유럽 도시와도 연결되어 있다. 이곳은 운하가 많고 물의 범람이 잦아서 '러시아의 베네치아', '러시아의 암스테르담'이라는 별명을 갖고 있다.

상트페테르부르크 외에도 서구의 특정 도시에 빗대어 불리는 러시아 도시는 더 찾아볼 수 있다. 1825년 러시아 최초의 혁명으로 불리는 '데카브리스트 봉기'에 참가한 젊은 귀족들이 유배 생활을 하며 도시 풍경과 문화를 바꾸어 놓은 이르쿠츠크는 '시베리아의 파리'로 불린다. 면직물 산업이 발전했던 러시아 중부의 작은 도시인 이바노보(더 정확히는 이바노보-보즈네센스크)는 한때 세계적인 면직물 가공의 중심지였던 영국의 맨체스터에 빗댄다. 오늘날 이바노보 시내에는 '러시아의 맨체스터'라는 이름의 호텔과 레스토랑이 있을 정도로, 러시아판 맨체스터를 앞세운 지역 정체성이 이곳에 강하게 자리 잡고 있다.

외국 도시에 대한 동경과 '러시아의 ○○○'으로 불리고자 하는 경향은 서유럽 도시에만 한정된 것은 아니다. 블라디미르 푸틴 대통령의 러시아 정부에서 중요시된 대아시아 정책과 극동 지역 발전 정책에 힘입어 새롭게 재정비된 블라디보스토크는 일찍이 '러시아의 샌프란시스코'로 불렸다. 샌프란시스코처럼 항구 도시인 블라디보스토크도 앞으로는 바다가 넓게 펼쳐져 있고 뒤로는 경사가 심한 언덕을 많이 끼고 있는 유사한 지형적 특성 덕분에 그런 별칭을 얻었다. 게다가 2012년 아시아·태평양경제협력체(APEC) 정상회의 개최에 맞춰서 개통한 금각만의 황금대교(Golden Bridge)도 위치와 형태, 명칭 면에서 세계적으로 유명한 금문교(Golden Gate Bridge)를 떠올리게 해서 '러시아의 샌프란시스코'라는 블라디보스토크의 이미지가 더 확고해졌다. 한편, 자동차 공장이 많이 들어섰던 니즈니노브고로드는 한때 미국 자동차 산업의 메카였던 디트로이트를 따라 '러시아의 디트로이트'라는 별명을 갖고 있다.

흥미로운 점은 러시아에서 '시카고'를 자처하는 도시만 해도 몇 개를 꼽을 수 있다는 것이다. 앞서 언급했던 '탱크 도시' 첼랴빈스크의 또 다른 별명은 '러시아의 시카고' 또는 '우랄의 시카고'이다. 러시아의 서부와 시베리아의 기점에 있으면서 소련 시기 중공업 도시로 급속히 발전했던 첼랴빈스크는 역시 공업도시로 빠르게 발전했으면서 미국의 동서를 잇는 교통의 요지였던 시카고와 유사한 특징을 갖고 있다는 점에서 그런 별명이 생겨났다. 첼랴빈스크 외에도 몇몇 도시가 '러시아의 시카고'라는 이름을 내걸었다. 1996년부터 2007년까지 오랜 기간 사마라 주지사 자리에 있었던 콘스탄틴 티토프는 한 연설에서 사마라를 '러시아의 시카고'로 선언하기도 했다. 시베리아의 중심지 노보시비리스크도 '러시아의 시카고' 또는 '시베리아의 시카고'로 불린다. 노보시비리스크는 인구 백만 명 이상의 러시아 대도시 중 가장 젊은 도시로 시카고처럼 급속도로 발전했을 뿐만 아니라 시베리아횡단철도 덕분에 러시아 서부와 동부를 잇는 교차로 역할을 담당하기 때문이다. 그런가 하면 러시아 남부 돈강 유역의 로스토프나도누는 최근 색다른 이유로 '러시아의 시카고'로 불리게 됐다. 1920~30년대 미국의 금주법을 배경으로 성장했던 시카고 마피아처럼 이곳도 각종 범죄의 온상이자 범죄자들의 고향이라는 불명예스러운 이름을 얻게 됐기 때문이다.

서유럽이나 미국 도시에 빗대어 러시아 도시를 부르는 것은 해당 도시의 특징을 간단명료하게 설명할 수 있고 외부인에게 도시 특징을 쉽게 전달할 수 있기 때문이다. 다른 한편으로 이런 경향에는 서구 도시에 대한 동경이 내재해 있는 것으로도 볼 수 있다. 서구 도시에서 연유한 이런 별칭은 해당 도시의 이미지와도 긴밀히 연결돼 있다. '러시아의 ○○○'이라는 별명은 해당 도시의 이미지를 외부에 명확하게 전달해 준다고 할 수 있다. 수도를 모델 삼아 발전을 모색했던 지방 도시들은 이제 서구의 도시를 지향점으로 삼고 있다. 서구 도시에 대한 동경은 오늘날에도 '러시아의 ○○○'를 꿈꾸는 도시들의 모습에서 찾을 수 있다. 또한, 이 도시들은 그런 구호를 내세워 관광도시로 발전하고자 한다.

서구 도시에 대한 동경, 또는 서구 도시를 발전 모델로 삼는 경향은 지역 수장 등 현지 유명인사들의 발언에서도 그대로 드러난다. 타타르스탄 수도 카잔을 예로 들자면, 1990년대 카잔의 도시 계획을 주도했던 대통령 고문 라파엘 하키모프는 한 인터뷰에서 이렇게 말했다. “스페인 카탈루냐의 주도는 바르셀로나다. 이곳은 스페인 수도는 아니지만, 세계적인 명성을 가진 도시다. 카잔 역시 바르셀로나와 같은 위치에 올라야 한다.”

앞서 자주 언급한 첼랴빈스크는 소련 해체 이후 도시 문장까지 바꾸면서 소련 중공업 도시라는 고착된 이미지를 털어내고 새로운 이미지를 탐색하던 가운데 2013년 운석이 떨어지는 흥미로운 사건이 일어나면서 운석을 도시브랜드로 만들고자 하는 움직임이 일어났다. 이를 위해 2014년에 국제원탁회의까지 진행됐는데, 이 자리에 참석한 첼랴빈스크 작가이자 물리학자인 니콜라이 고리카비는 스페인의 소도시 빌바오를 예로 들며 자신의 의견을 피력했다. 스페인의 빌바오는 한때 공업도시로 발전했으나 쇠락의 길을 걷던 중에 세계적 명성을 누리고 있는 구겐하임 미술관 분관이 이곳에 세워지면서 전 세계 사람들의 주목을 받게 됐다. 시선을 사로잡는 혁신적인 디자인의 미술관을 찾는 관광객들 덕분에 빌바오는 새로운 예술 도시로 거듭났다. 이런 배경으로 빌바오는 세계 도시 발전 모델에서 가장 많이 언급되는 도시이기도 하다. 니콜라이 고리카비는 첼랴빈스크도 빌바오처럼 운석과 관련된 획기적인 건물을 만들어 관광객들을 끌어모으며 도시를 활성화해야 한다고 주장했다.

유럽의 얼굴로 성형하는 지방 도시

2001년부터 2007년까지 마리엘 공화국의 수장이었던 레오니드 마르켈로프는 여러 인터뷰에서 이탈리아 메디치가와 로마에 향한 동경을 숨기지 않았다. 그는 공화국 수도의 외관을 이탈리아 도시처럼 바꾸는 데 큰 노력을 기울였다. 그렇다면 러시아에서 가장 획기적인 도시 경관 변화로 평가받는 이곳에 어떤 변화가 있었을까?

마리엘 공화국은 볼가강 중류 지역에 있는 여러 민족 공화국 중 하나다. 볼가 중부에는 타타르스탄, 모르도비야, 우드무르티야 등 여러 공화국이 모여 있다. 이 중 마리엘 공화국은 '마리인'이라는 토착 민족의 고유 영토를 바탕으로 형성됐다. 공화국 수도인 요시카르-올라는 인구 삼십만 명이 채 안 되는 작은 도시다. 이 공화국을 이끌었던 마르켈로프는 요시카르-올라가 공화국의 수도인데도 독특한 이름 외에는 알려진 것도, 볼만한 것도 전혀 없다는 점을 애석해했다. 그는 유럽 도시, 특히 이탈리아 도시를 선망했는데, 공화국 수도의 외관을 유럽 도시로 성형하기 위해 대대적인 수술에 나섰다.

많은 도시가 강 주변에 형성되어 서서히 발전했듯이, 요시카르-올라의 중심부도 콕샤가 강변이다. 요시카르-올라 주민들이 관광객들에게 가장 자랑스럽게 소개하는 이곳에는 그야말로 어디서 본 듯한 건축물들이 한데 모여 있다. 콕샤가 강변의 한편에는 붉은색, 초록색 등 형형색색

[그림 3] 요시카르-올라의 브뤼헤 강변(상)과 브뤼허 강변에서 바라본 총대주교 광장 (하)

으로 칠한 좁은 건물들이 강변을 따라 길게 늘어서 있다. 네덜란드나 벨기에의 운하 근처에서 봤을 법한 이곳의 이름은 '브뤼헤 강변'이다.([그림 3]) 도시 전체가 유네스코 문화유산으로 지정된 벨기에 도시인 브뤼헤를 이름부터 온통 그대로 옮겨왔다. 이곳과 벨기에 사이에 연관성이 전혀 없는데도 장소 이름과 외관까지 벨기에 도시 일부를 그대로 복제한 것이다. 브뤼헤 강변을 따라 걷다 보면 많은 동상을 볼 수 있는데, 흥미로운 점은 이곳과 연관성이 전혀 없는 여러 조형물을 만날 수 있다는 사실이다. 예를 들면, 브뤼헤 강변을 따라 서 있는 수많은 건물 중에서 러시아인들이 혼인신고를 하며 결혼식을 올리는 관청인 작스(ZAGS) 앞에는 모나코 왕과 그레이스 켈리 부부의 동상이 세워져 있다.

브뤼헤 강변을 제외하더라도, 콕샤가 강변 주변에는 유럽 도시나 러시아 수도의 명소를 복제해 놓은 듯한 건물들을 꽤 많이 찾아볼 수 있다. 콕샤가 강변과 이어지는 총대주교 광장에는 익숙한 외형의 인형극장을 볼 수 있다. 이곳은 디즈니랜드가 로고를 만들 때 참고했다는 독일의 노이슈바슈타인 성을 본떠서 만들었다. 인형극장 옆에는 '유로스파'라는 큰 상가가 있는데, 이곳의 겉모습도 유럽 어딘가에서 본 듯한 고성을 연상시킨다.

총대주교 광장을 지나 보스크레센스키 다리를 건너면, 모스크바 크렘린과 닮은 벽돌색의 긴 성벽이 펼쳐진 모습을 볼 수 있으며, 성벽을 따라 다시 강변 쪽으로 가다 보면 '성모마리아 광장'을 만날 수 있다. 이 광장은 모스크바의 축소판이라 할 수 있다. 이곳의 블라고베셴스키 탑은 모스크바 크렘린 성탑 중에서 붉은광장으로 나가는 스파스카야 시계탑의 미니어처라 할 수 있으며, 블라고베셴스크 대성당은 모스크바 붉은광장의 '성 바실리 사원'과 상트페테르부르크의 '피의 사원'을 섞어 놓은 듯하다. 그런데 러시아 대도시의 이곳저곳을 복사한 듯한 이 광장에서 색다른 동상을 찾을 수 있다. 성모마리아 사원 한쪽에 마련된 이탈리아 정원에는 로렌조 메디치의 동상이 서 있다. 이탈리아 피렌체에서 실질적 지배 가문으로 군림하면서 피렌체의 문화예술 수준을 드높였던 메디치 가문을 형상화한 동상이다. 어디까지나 이것은 이탈리아를 동경해 마지않았던 공화국 수장인 마르겔로프의 개인적인 취향이 반영된 것이다. 동상 개막식에서 마르겔로프는 세계사에서 중요한 르네상스가 일어날 수 있었던 것은 메디치와 같은 당대의 훌륭한 영주이자 박애주의자들 덕분이었다면서 마리엘 공화국에서도 르네상스 시대처럼 예술과 전통, 문예의 부흥이 일어났으면 좋겠다는 바람을 전하며 이탈리아 정원과 메디치 동상의 의미를 설명했다. 여기에 덧붙여 그는 공화국 전체가 성모마리아 광장, 총대주교 광장, 브뤼헤 강변처럼 보였으면 좋겠다고 발언했는데, 요시카르-올라만 아니라, 공화국의 다른 여러 도시도 유럽 도시처럼 바꾸겠다는 그의 포부를 엿볼 수 있다.

성모마리아 광장에서 사람들의 시선을 끄는 또 다른 건물은 유럽의 유명 관광지에서 볼 수 있을 것 같은 '12 사도 시계'이다. 건물 한쪽 탑에서 예수와 12 사도 조각상이 문을 열고 나와 신성한 종교 음악에 맞춰 천천히 움직이며 다른 한쪽 탑 안으로 들어간다. 시계가 여는 시간에 맞춰

[그림 4] 성모마리아 광장 시계탑(상)과 오블렌스키-노고트코프 광장 시계탑(하)

그 앞에 서서 기다리며 이를 지켜보는 관광객들을 쉽게 만날 수 있다. 유럽 유명 관광지의 시계탑을 본뜬 것은 여기서 그치지 않는다. 성모마리아 광장에서 멀지 않은 오볼렌스키-노고트코프 광장은 요시카르-올라의 초대 러시아 사령관이자 주지사 역할을 했던 오볼렌스키-노고트코프 이름을 따서 조성됐다. 광장명은 러시아 주지사 이름에서 가져왔지만, 이곳의 전체적인 모습은 이탈리아 산마르코 광장을 모방했다. 이 광장에 있는 국립미술관의 외관 역시 이탈리아 베니스의 도제이 궁전을 본떴다. 미술관 입구 벽 위에 또 다른 시계탑이 만들어져 있는데, 여기서는 성모 성상화와 당나귀가 등장한다. '12 사도 시계'처럼 성모 성상화와 당나귀가 신성한 선율에 맞춰 매시간 미술관 입구 벽을 따라 움직인다. 이쯤 되면 광장 전체가 이탈리아 콘셉트로 만들어진 것 같지만, 시계탑 맞은편에는 모스크바 크렘린 안의 '황제 대포' 미니어처가 설치되어 있다. 아예 '크렘린'이라는 간판이 붙은 붉은 벽돌로 경계선을 만들어 놓은 작은 광장도 인근에 있다.

요시카르-올라의 급변한 모습을 보고 있노라면, 러시아 수도와 유럽의 유명 도시, 전 세계 명소들을 무분별하게 섞어 놓은 듯하다. 정체성을 도무지 알 수 없는 이곳은 어쨌거나 사람들의 이목을 끈 것은 분명하다. 볼만한 것이 하나도 없다는 공화국 수장의 불만을 즉각 시정한 것처럼, 이 도시는 사람들에게 많은 볼거리를 제공한다. 러시아에서 인지도가 낮았던 요시카르-올라는 이를 계기로 러시아의 흥미로운 관광지로 떠오르게 된다. "우리 베네치아를 봤니?"라고 묻는 현지 주민들처럼, 이곳은 러시아의 또 다른 '베네치아'로 불리기를 원한다.

글로벌 도시로의 도약

러시아에서 특별히 알려진 게 없었던 작은 지방 도시인 요시카르-올라는 앞서 본 것처럼 러시아 대도시와 유럽 도시의 노골적인 모방을 통해 자구책을 꾀하고 있다. 요시카르-올라의 대대적인 변화는 러시아의 많은 도시가 새로운 이미지를 구축하고 도시 인지도를 높이기 위해 얼마나 고심하는지 보여주는 대표 사례라고 할 수 있다. 이는 연방정부의 재정적 지원이나 지방 예산이 넉넉하지 않은 상황에서 관광산업을 통해 지역 경제를 발전시키려는 지방 도시들의 현주소이기도 하다.

이런 흐름의 하나로, 러시아 안에서만 아니라, 러시아 밖에서도 존재감을 드러내고자 하는 도시도 많아졌다는 점에 주목할 만하다. 이는 '밀리온니크'로 불리는 인구 백만 명 이상의 대도시에서 잘 드러난다. 특히, 2000년대 이후 여러 지방 도시에서도 다양한 국제 행사가 열렸는데, 이는 글로벌 도시로 성장하려는 지방 도시들의 세계화 움직임에 힘을 실어줬다. 과거 모스크바에서만 열렸던 국제 행사들이 지방 도시에서 열리기 시작했다. '스포츠 메가 이벤트'로 불리는 올림픽과 월드컵 등 초대형 국제 스포츠 행사가 카잔, 소치, 니즈니노브고로드, 사란스크 등에서 열렸다. 상하이협력기구(SCO)나 브릭스(BRICS) 등 러시아 주축의 국제 협력기구 정상회의도 예카테린부르크, 우파 등에서 열린 것을 계기로, 지방 도시들은 전 세계에 자신의 존재를 알리고 세계 여러 나라의 관광객들을 맞이할 준비를 하고 있다.

타타르스탄의 수도 카잔은 러시아 '제3의 수도'로 불릴 만큼, 상당한 인구수, 발전된 사회·경제 인프라, 높은 문화 수준을 갖추고 있다. 소련 해체 직후 타타르스탄은 러시아연방에서 한 구성원의 위치에 머물기보다는 독자적으로 세계에 진출하고자 했다. 특히, 이슬람 국가들과의 교류를 넓히는 데 큰 노력을 기울였으며, 세계 곳곳에 흩어진 타타르인들의 중심지로 거듭나고자 '세계 타타르대회'를 조직하기도 했다. 이런 야망은 카잔의 도시 재건 정책에서 그대로 표출됐다. 타타르스탄 정부는 카잔에 타타르적인 색깔을 입히는 동시에, 카잔을 좀 더 현대적인 면모로 바꾸면서 유럽 국가의 수도처럼 변신시키고자 했다. 카잔 시내에 있던 보기 흉하고 낡은 주택과 건물들은 철거됐고, 한눈에 봐도 유럽풍의 새 주택과 현대식 고층 건물들이 그 자리에 들어서게 됐다. 정치·경제 엘리트들을 위한 '도시형 다차'(별장)로 불리는 화려한 아파트 단지가 카잔 강변에 들어섰다.

2005년은 카잔 설립 천년을 맞이하는 해였다. 타타르스탄 정부는 이 기념비적인 행사를 성대하게 치르기 위해 만반의 준비를 했다. 카잔 설립 천년을 기해 흥미로운 건물이 카잔 곳곳에 많이 생기면서 도시 외관도 대폭 바뀌었다. 도시 중심가에 이른바 '쇼케이스' 빌딩들이 세워졌다. 카잔에서 최대 번화가로 통하는 '바우만가'를 비롯한 주요 거리는 유럽 스타일의 도심형 몰 형태로 대규모 리모델링됐다. 바우만가는 좀 더 넓고 탁 트인 대로로 바뀌었고, 새로 조성된 분수와 조각상들이 거리를 장식했다. 옛 영국 거리를 연상시키는 가로등으로 유럽 느낌을 살렸다면, 밤에는 네온사인이 이곳의 가게들을 환하게 비추며 세계 대도시에서 볼 수 있는 야경을 연출했다.

타타르스탄은 2011년 유럽역도선수권대회 개최를 시작으로 2013년 제17회 하계 유니버시아드 대회, 2014년 세계펜싱선수권대회, 2015년 세계수영선수권대회, 2018년 월드컵 직전 열리는 2017년 컨페더레이션스컵 경기, 2018년 러시아 월드컵까지 세계적인 스포츠 대회를 연달아 유치했다. 이를 계기로 카잔의 변화는 계속됐다. 카잔의 첫 번째 5성급 호텔 옆에는 5층짜리 유리 피라미드 구조로 된 거대한 건물이 세워져 사람들의 시선을 사로잡는다. 이 건물 안에는 레스토랑, 연회장, 콘서트홀 등이 있다. 카잔 시민들이 '피라미드'라고 부르는 이 건물은 러시아에서 흔히 볼 수 없는 독특한 외관만으로도 홍보 효과를 톡톡히 보고 있다. 피라미드를 비롯하여 새로운 콘서트홀과 오페라 하우스, 카잔 경마장, 거대한 새 경기장 등 한눈에 봐도 비싸고 현대적인 건물들이 대거 들어섰다. 타타르스탄 초대 대통령인 샤이미예프는 현대적이고 깨끗하고 화려한 건물들을 현대 수도가 갖춰야 하는 요소처럼 여겼다. 도시 재건에 들어간 천문학적인 비용에 관한 질문을 받고 민티메르 샤이미예프 대통령은 카잔이 세계적 수준의 대회를 주최할 수 있는 월드클래스 도시가 되려면 그 정도는 투자해야 한다고 답한 바 있다.

이렇듯 러시아 대도시들이 글로벌 도시로 도약하고자 하는 과정에서 모델로 삼은 것은 대체로 서구 도시였으며, 이 과정에서 지방정부가 주력한 것은 도시 내부, 예를 들면, 사회적 인프라, 문화·복지시설, 도시 가스 공급, 하수처리 시설 개선보다는 도시 외관의 변화였다. 도시 방문객들에게 도시 이미지를 단번에 각인시킬 수 있는 것이 외형적인 모습이기 때문이다.

보통 인구밀집도가 낮은 러시아 도시에는 높은 건물보다는 단층 건물이 많은 편이었고, 이처럼 낮은 건물들이 도시의 전형적인 스카이라인을 형성했다. 그러나 도시가 유럽 도시, 혹은 글로벌 도시로 변모하는 과정에서 시선을 사로잡는 화려한 고층 빌딩들이 들어서기 시작했다. 지방 도시에서만 아니라, 모스크바와 상트페테르부르크에서도 이런 건설 붐이 일어났다. 모스크바에는 '모스크바시티'로 불리는 초고층빌딩 단지가, 상트페테르부르크에는 가스프롬 본사 빌딩인 '라흐타센터'가 세워졌다. 우리나라 롯데타워와 비슷하게 생긴 라흐타센터가 페테르부르크 시민사회의 반대로 원래 건설 계획과는 달리 도시 중심가에서 멀리 떨어진 곳에 지어졌다면, '모스크바시티'는 모스크바 중심부의 전통적인 스카이라인을 완전히 바꿔놓았다. 모스크바의 일부 주민은 이로 인해 익숙했던 공간이 낯설게 변해 버렸다고 불만을 토로하는 한편, 다른 한편에서는 이처럼 멋진 건물들 덕분에 자신이 사는 도시도 이제 글로벌 도시 반열에 들어서게 됐다며 자부심을 표현하기도 한다. 이제 지방에 사는 사람들도 자신의 도시가 새로운 모습으로 변화하기를 바라고 있다. 글로벌 도시가 아니더라도, 적어도 낡고 허름한 소련 시절 건물보다는 깨끗하고 새로운 건물들이 들어서기를 바라고 있다.

반복되는 모방과 수용의 패턴

영토가 광활한 만큼 러시아에는 수많은 도시가 존재한다. 자연적으로 발생한 마을은 인구가 늘어나면서 점차 도시로 성장했으며, 러시아가 영토 확장 과정에서 새로 획득한 지역에서는 요새 형태로 도시가 시작됐다. 도시는 배경이 다른 사람들과 문화가 교차하는 곳이다. 그렇기에 농촌과 비교할 때 도시는 더욱 다양한 타자들의 영향을 많이 받으며 성장해왔다고 할 수 있다. 특히, 러시아 수도 모스크바와 제2의 수도 상트페테르부르크는 출신 국가도 다양하고 직업군도 다채로운 사람들이 오가는 곳이다. 유럽을 왕래하는 귀족과 상인들이 늘어나고 유럽의 다종다양한 전문가들이 러시아로 초청되면서, 도시 경관도 유럽의 영향을 받기 시작했다. 유럽식 저택과 궁전 등 전에 없던 양식의 건물들이 러시아 수도의 외관을 새롭게 장식하기 시작했다.

러시아 지방 도시들도 타자의 영향을 강하게 받았다. 특히, 지역별로 형성된 교역 중심지나 교통 요지에서는 인근 지역부터 시작하여 먼 대도시나 국경 밖으로부터 사람들이 오가면서 다양한 문화가 흘러들어 왔다가 사라지기를 반복했다. 이런 흐름은 시베리아횡단철도 부설로 더욱 활성화됐다. 여러 지역의 상인들이 오가고, 수도 출신의 귀족층이 주지사 등 지방의 고위 관리로 들어오면서, 지방 도시는 수도의 모습을 따라 발전해왔다.

이런 모방과 수용 패턴은 오늘날에도 반복되고 있다. 특히, 이와 같은 경향은 소련 해체 이후 전형적인 소비에트 도시 모습에서 탈피해 새로운 도시 이미지를 구축하려는 지방 도시에서 두드러지게 나타난다. 이 과정에서 유럽 도시를 동경한 지역 지도자의 취향이 그대로 반영되어 옛 모습은 사라지고 전혀 다른 유럽 양식으로 거듭난 도시도 생겨났다. 노골적이고 완벽한 모방까지는 아니더라도, 오늘날 많은 러시아 도시가 서구의 도시들을 발전 모델로 삼고 있다.

이런 상황에서 러시아 도시는 또 하나의 과제를 안고 있다. 소련 시대 정책의 영향으로 도시마다 개성 없고 비슷한 모습을 띠었던 것처럼, 세계화 과정으로 인해 러시아 도시들도 세계 어디서나 볼 수 있는 비슷한 모습의 도시가 될 수 있기 때문이다. 다른 한편으로는 도시 외관에 너무 치중한 나머지 도시 주민들의 실질적인 생활 전반의 문제들은 뒷전으로 밀리는 현상도 나타났다. 이런 도시 정책은 시민들의 큰 불만과 갈등을 불러일으키기도 했다. 시민사회의 불만은 무턱댄 서구 도시 모방을 저지하는 하나의 저항 수단으로도 기능할 수 있다. 그러나 시민사회의 발전 수준에 따라 시민들의 목소리가 도시 외관에 반영되는 정도는 도시마다 다르게 나타난다. 지나친 도시 현대화가 역사적인 건축 유산의 방치나 철거를 낳게 한 것도 또 다른 심각한 문제다. 카잔에는 2000년까지만 하더라도 18~19세기 건물들이 상당수 보존되어 있었으나, 도시 재건 과정에서 역사적 건물들이 많이 파괴됐다. 이 점은 지역사회의 비판을 피해 갈 수 없었다.

러시아 문화는 다른 문화의 모방과 수용, 저항과 갈등 등 여러 양상의 복합적인 과정을 거치며 독특하게 발전해왔다. 도시들이 발전하는 과

정도 마찬가지였다. 러시아 도시들이 자체 역사와 사회·문화적 배경, 시민사회의 의견 수용 등을 통해 저마다 특별한 도시 문화와 경관을 갖추게 될지 앞으로 지켜봐야 할 것이다.

참고문헌

김혜진. "러시아 지방 도시 경관의 변화와 새로운 도시 이미지의 형성: 요시카르-올라를 중심으로." 『시베리아연구』. 22권 2호 (2018).

______. "도시경관으로 민족정체성 드러내기: 타타르스탄 카잔을 중심으로." 『노어노문학』. 34권 1호 (2022).

______. "탱크, 낙타, 그리고 운석: 도시 상징으로 본 첼랴빈스크의 새로운 이미지 구축 전망." 『슬라브학보』. 37권 1호 (2022).

송준서. "올가 공후의 부활: 탈소비에트 프스크프의 상징과 지역 정체성의 형성." 『노어노문학』. 23권 3호 (2010).

______. "포스트소비에트 시기 러시아 지역 정체성 변화: 우랄 지역 모노고로드를 중심으로." 『슬라브학보』. 25권 4호 (2010).

Туровский, Р.Ф. "Соотношение культурных ладншафтов и региональных идентичностей в современной России." *Идентичность и география в современной России*. СПб.: Геликон Плюс, 2003.

제8장

모방의 정치

푸틴 시대 러시아와 주권민주주의

김선래

8

1991년 소련 붕괴 이후 새로 탄생한 러시아는 체제 전환을 통해 서구 정치체제의 원리인 다원주의 원칙과 자유민주주의를 수용하여 서구 민주주의를 정착시키기 위해 다양한 노력을 기울였다. 실제로 보리스 옐친(1931~2007) 러시아 정부는 제도적 민주주의 정착을 추진했고, 이는 일단 성공한 듯 보였다. 신생 독립 국가인 러시아의 목표는 국가건설과 번영이었다. 러시아는 특히 국가건설을 위해서 서구식 정치 가치들을 받아들여 제도적·절차적 민주주의를 구현하려 했고, 국가번영을 위해서 서구 자본주의의 제반 요소와 시장경제 원칙을 수용했다.

러시아는 민주주의와 자유주의 정신을 기반으로 다당제, 선거제도, 일반 참정권 확대 등과 같은 정치제도를 도입하여 기존의 공산주의 정치제도를 혁명적으로 개편했다. 동시에 국민주권주의를 기반으로 한 민주 정부 수립, 전면적 언론 자유와 인권 보장을 위한 제도적 민주주의를 구축해 나갔다. 옐친 정부는 서구의 선진 정치제도와 법적 장치를 도입하여 러시아 위상에 맞는 민주 헌법을 제정했으며, 러시아연방 구성 주체들과 중앙정부 간 수직적인 권력 구조를 동등하고 수평적인 권력관계로 재정립했다. 그러나 이후 실질적인 민주주의 정치정향은 민주적 제도화 수준에 미치지 못하고 국민주권이 제한되는 현상으로 나타났다.

이원집정부제와 초강력 대통령제

러시아에서 대통령제는 소련 말기인 1990년 2월 공산당 일당독재를 포기하고 대통령제를 신설하면서 처음 등장했다. 소련 붕괴 이후에는 서구 민주주의 정치제도가 러시아에 뿌리내리는 과정에서 보통선거를 통해 직접 선출하는 대통령과 의회 다수당을 기반으로 하는 총리가 권력을 양분하는 이원집정부제가 도입됐다. 1993년 12월 국민투표로 통과된 러시아 헌법과 통치체제는 이원집정부제 성격을 띠고 있었다. 그러나 더 엄밀하게 보면 이것은 총리보다는 대통령에게 더 많은 권력이 집중된 이원집정부적 대통령제라고 할 수 있다. 일각에서는 러시아 정부 구조를 초강력 대통령제로 바라보기도 하지만, 헌법에서는 이원집정부제도의 틀을 표방하고 있다. 러시아 헌법에 따르면 대통령이 총리와 내각을 선임하고, 총리는 하원인 국가두마의 인준이 필요하다. 대통령이 임명한 총리의 인준이 세 번 이상 연속해서 거부될 경우, 대통령은 하원을 해산할 수 있는 권한을 갖고 있다. 또한, 대통령에게 광범위한 입법권을 부여하고 있어 대통령이 행정부를 대표하여 하원에 법안을 제출할 수 있다. 대통령은 대통령령과 포고령을 선포할 수 있으며 매년 천여 개의 포고령을 발의하고 있다.(이선우, 2015) 그러나 강력한 다수당이 야당이 된다면, 총리가 입법과 개헌, 행정권을 장악하고 대통령 탄핵도 가능한 견제 장치가 확보되어 있기에 단순하게 초강력 대통령제라고 보는 것도 무리가 따른다.

러시아와 대한민국 대통령제를 비교해 보면 대통령 권한의 정도가 엇비슷하다. 현재 러시아 대통령제에서 나타나고 있는 비민주적인 요소는 대통령에게 집중된 과도한 권력이다. 일반적으로 대통령중심제는 권력분립, 견제·균형을 바탕으로 하고 있으나 러시아 대통령제는 삼권분립이 아니라 헌정 체제 위에 서 있는 강력한 대통령제다. 총리와 내각에 대한 국가두마의 인준 거부와 불신임의결권은 대통령의 의회 해산권과 맞물려 있어 대통령에 대한 견제 장치로서 실효성이 없다고 볼 수 있다. 실제 현행 러시아 헌법은 대통령의 권한이 강력하며 대통령 탄핵 절차를 매우 어렵게 규정해 놓아 사실상 아무 제약 없이 정치적 결정을 내릴 수 있다.

의회의 탄핵은 국가두마와 헌법재판소를 거쳐 마지막으로 상원에서 최종 결정되도록 하여 실제 탄핵이 이루어질 가능성은 희박하다. 특히 연방회의인 상원이 친푸틴 정향을 띠고 있어 블라디미르 푸틴(1952~) 대통령은 탄핵 걱정 없이 자신의 정책과 정치적 행보를 마음껏 펼칠 수 있다. 대통령 권한에 속하는 의회 해산권, 상·하원으로 구성된 의회의 역할, 하원의 구성과 역할에 대한 기능적 한계가 있기에 하원을 장악한 집권 여당이 대통령 견제 기능을 제대로 수행하기 힘든 구조이다. 현재 푸틴 대통령의 권력 극대화가 이런 이원집정부제 운용을 통해서 이뤄지고 있다.

러시아 대통령은 사법부에 대해서도 과도한 재량권을 갖고 있다. 대통령은 연방정부 내 지방정부와의 법률적 저촉성, 지방정부 관할권 문제 등에 개입하여 최종 심판을 헌법재판소에 회부하는 권한을 가지고 있다. 대통령 사면권도 여기에 해당한다.

국가건설과 국가발전이 우선 목표가 되는 국가주의 성격을 띤 푸틴 정부의 등장은 시민사회의 자율성과 다양성을 억압하고 민주주의 증진에 걸림돌이 됐다. 이렇듯 서구의 선진 정치제도 도입으로 러시아에 제도적 민주주의가 정착했는데도 초강력 대통령제가 뿌리내렸다는 것은 러시아 내부에 전통적 정치문화인 권위주의 문화가 지배하고 있기 때문이다.

절차적 민주주의 제도화와 실질적 민주주의 구현의 한계

민주주의는 절차적 민주주의와 실질적 민주주의로 구분된다. 절차적 민주주의는 사회적 구성원들의 자기발전과 자기결정을 위한 제도적 여건이다. 실질적 민주주의는 절차적 민주주의의 구성요소에 시민들의 참여가 추가된다.

옐친 정부가 초기에 도입한 서구의 절차적 민주주의 수준은 제도적 민주주의를 완성했다고 볼 수 있다. 법적 제도적 절차에 따라 국민에 의해 직접 선출된 의회와 정부가 대등하게 삼권분립이 보장됐으며 형식적으로 법에 따른 통치 구조가 완성됐다. 그러나 2000년대 푸틴 집권 이후 러시아 의회 선거제도는 여러 차례 법적 절차를 거쳐 집권 여당에 매우 유리하게 변경됐다. 소련 붕괴 전후 러시아에는 극우 민족주의 정당에서 공산당까지 다양한 스펙트럼을 지닌 정당들이 난립했다. 1993년 처음 시행된 국가두마(하원) 선거에서 13개 선거 블록이나 정당, 1,567명의 무소속 후보가 출현했다. 자유·경쟁 선거를 통해 선출된 의회에서는 다당제 정치가 실행됐다. 의회 내 집권 세력과 반대 세력 간의 갈등과 대립이 있었으나 심각한 양상으로 발전하지는 않았다. 이후 1995년 다시 치러진 하원 선거에는 43개 선거 블록과 정당, 2,688명의 무소속 후보가 나와서 치열하게 경쟁했다.

이 시기 무분별한 서구 사상과 제도의 도입을 둘러싸고 국민 불만이 증가하고 있었다. 러시아인은 무차별적으로 받아들인 서구식 경제 제도로 말미암아 서구자본에 의한 국가 경제의 잠식이 발생했다고 보았고, 정치 분야에서도 서구 민주주의 제도의 이식으로 식민민주주의가 정착됐다고 보았다. 모스크바국립대학교에는 '식민민주주의자들이여 자신의 국가로 돌아가라'라는 제목의 대자보가 붙기도 했으며 외무부 장관이 대표적인 서구주의자였던 안드레이 코지레프(1951~)에서 예브게니 프리마코프(1929~2015)로 교체되면서 보수주의자들이 득세하기 시작했다. 1999년 하원 선거에서 이와 비슷하게 수많은 후보군이 출사표를 던졌다.(유진숙, 2009) 좌파 정당과 우파 자유주의 정당, 민족주의 정당이 선거에 참여했으며 집권 엘리트 집단으로 구성된 권력당도 존재했다. 이처럼 민주주의 역사와 경험이 적은 옐친 시기 러시아 민주주의는 서구의 민주주의 제도를 모방한 외피형 민주주의에 머물러 있었다고 할 수 있다.

당시 옐친 대통령의 통치는 위임민주주의 형태를 띠었다. 위임민주주의란 국민의 권력을 위임받은 대통령이 의회나 정당 등 정치제도와 사회조직에 대한 수평적 책임을 거부하고 자기 의지대로 통치하는 것을 가리킨다. 민주적 기본요소인 정당제도와 민주적 선거 절차를 통해 정부를 구성했음에도 주요 정책 결정 과정에 시민이 참여하는 참여민주주의가 뿌리내리지 못하고 소수 엘리트가 장악하여 결정하는 구조는 러시아 민주주의 정착에 부정적 영향을 미쳤다.

옐친 정부 시기 시민들의 폭발적인 정치적 요구를 반영하여 발전했던 시민사회도 2005년 푸틴 정부 2기로 들어가면서 국가와 시민사회 관계가 소비에트 문화의 유물인 하향식 권력관계로 돌아서기 시작했다. 푸틴 정부는 러시아 시민사회를 강압적으로 통제했으며, 관제 비정부기구(NGO)를 활성화하기 시작했다. 러시아 정부는 2006년 NGO 등록법을 제정하고 시민단체의 활동과 내용을 관리하면서 단체의 정책 결정 과정에도 개입하기 시작했다. 특히, 시민사회와 NGO의 확대를 경계하여 관제단체를 구성했는데, 대표적인 관제 NGO로는 블라디슬라프 수르코프(1961~) 전 부총리가 구상한 대규모 청년조직인 나시(Nashi)가 있다. 정부의 지원을 등에 업은 나시는 수만 명의 거대한 동원조직으로 확대됐다. 나시는 소련 시절 공산당 간부 양성 조직이었던 콤소몰(Komsomol)을 벤치마킹하여 만든 푸틴의 친위조직이었다. 푸틴을 지지하고 러시아 주권을 보전한다는 러시아 민족주의 조직이다.

수르코프는 1999년부터 푸틴 행정부에서 막강한 영향력을 행사하면서 푸틴 체제를 반석 위에 올려놓는 데 막중한 역할을 했다. 그는 푸틴 재집권 시나리오와 푸틴 통치 이데올로기를 만든 푸틴의 책사로 유명하다. 체첸 출신인 수르코프는 1999년에 발생한 체첸 분리독립 문제를 풀어내는 데 이바지하면서 푸틴의 신뢰를 얻었다. 푸틴에게 정치적 기반이 필요하다고 생각한 그는 2001년 12월 권력당인 통합러시아당(United Russia)을 창당했다. 이 당은 이후 하원 의석을 석권하여 푸틴 체제를 지탱하는 튼튼한 버팀목이 되었다. 행정부 자원 동원을 통해서 탄생하여 행정부와 직간접적 협력 기관으로 작동하는 관제 정당인 통합러시아당은 푸틴 정부 아래서 급속하게 성장하여 의회 권력을 장악해 나갔다.

통합러시아당은 2004년 말 개정된 정당법에서 당원 규모를 대폭 강화했다. 이런 가운데 지역 정당 설립이 제도적으로 차단당하는 등 지역 정당의 설립과 독자적 성장 기반이 약화하여 지역 정치조직은 자치단체 수준으로 축소됐다. 2005년 정당 득표율 7%의 진입장벽과 순수 비례대표제에서 2014년에는 다시 혼합제로 복귀하는 등 선거제도가 여러 번 바뀌었다. 혼합제와 비례대표제를 몇 차례 번갈아 바꾸는 선거법 개정으로 말미암아 민주주의 성향을 띤 소규모 자유주의 정당의 의회 진입 가능성은 사실상 원천적으로 차단됐다. 푸틴 체제는 이처럼 비례대표제도와 혼합제 선거제도를 활용하여 이원집정부제 틀 안에서 여당이 의회 다수를 점하는 강력한 총리 권력을 구축했다. 선거제도 변용을 통해서 관제 권력당을 강화하고자 했던 푸틴의 전략이 성공했다고 할 수 있다.(유진숙, 2009) 이후 푸틴은 대통령 3선 연임금지법 때문에 메드베데프를 대통령으로 선출하고 자신은 총리로 러시아를 통치하게 된다.

시민의 정치참여를 확대하려면 전제조건으로 정당 활동이 활성화되어야 한다. 이와 반대로 푸틴 정부는 시민사회 활동을 억압하고 정치적 참여 수단인 정당 활동을 통제하면서 시민들의 요구가 정책 결정 과정에 반영되는 제도적 통로를 통제했다. 정당은 시민의 정치 결정을 위한 제도적 장치인데도, 정당을 통한 Input/Output 점검과 수정 과정이 제대로 기능하지 못했다.

이런 현상은 푸틴 정권의 절대적 권위를 인정하는 시민들의 정치정향 확대와 정치참여에 대한 시민들의 무기력과 수동적 타성에서 비롯된 것으로 보인다. 권위주의 정부에 대한 러시아 시민사회의 광범위한 지지도는 일반적으로 민주주의 지지 세력으로 볼 수 있는 중산층에서도 나타났다. 어떤 조사 결과를 보면, 러시아 중산층의 75%가 푸틴 정부를 지지한다고 응답하고 있으며 69%는 개혁보다 안정이 더 중요하다고 답했다.(Gontmakher, 2015) 러시아 권위주의 문화의 확대는 정치적 영역에도 반영되어 2012년 이후 푸틴 3~4기에 들어와서 러시아 권위주의는 더욱 강화되기 시작했으며 여당이 절대적 다수당인 패권 정당 체제에 기반한 권위주의적 통치가 전면화됐다.(유진숙, 2016)

러시아 권력당은 선거 불공정과 조작, 권력 엘리트들의 담합을 통해서 확대·강화되어 갔다. 또한, 정부 엘리트와 경제 엘리트 간에 형성된 후견주의적 담합을 통해서 금융과 미디어에 대한 독점적 권력도 유지하게 됐다. 이런 과정을 통해서 권력 엘리트들은 자원 배분과 언론·법 영역에서 우월적 특권을 누리게 됐다. 권력당인 통합러시아당은 선거에서 정부 권력의 지원 아래 인적·물적 자원을 동원하고 직·간접적 선거 부정을 통해서 선거의 공정성을 훼손했다. 이 시기에 러시아 선거를 감시했던 유럽의 선거감시단은 러시아 선거가 자유롭지도 공정하지도 않은 선거라고 총평했다.

이렇듯 러시아는 서구 민주주의의 선진 정당제도와 선거제도를 도입하여 민주주의를 발전시키는 기제로 사용하는 것이 아니라 오히려 정치적 억압의 수단으로, 권위주의적 지배를 공고화하는 제도로 적극적으로 활용하고 있다. 어떤 나라가 외부로부터 발달한 민주주의 제도를 도입하여 정착시켰더라도 자국의 정치문화와 국민의 물적·정치적 수준에 따라서 절차적 민주주의는 제한되어 나타난다. 실제로 러시아에서는 겉보기에 자유·민주 선거제도가 정착해서 시행되고 있지만, 선거관리가 집권 세력에는 매우 유리하게, 반대 세력에는 아주 불리하게 작용할 정도로 편파적이다. 달리 말하자면, 제도적 차원에서는 절차적 민주주의가 뿌리를 내렸지만, 국민 의식 수준과 실천적 차원에서는 여러 가지로 민주주의에 역행하거나 민주적 가치들이 퇴행하고 있다. 특히, 푸틴 대통령의 러시아 정부는 정치, 경제, 사회, 문화 전 영역에 걸쳐서 이른바 '전통적 가치'를 전면에 내세우고 러시아식 특수성을 강조하면서 러시아 정치의 비민주적, 반민주적 행태를 옹호하고 있다.

러시아 학자들의 연구에 따르면, 러시아 대의민주주의 제도 발전을 가로막는 요인들은 다음과 같은 러시아 정치문화에서 연유하고 있다. 첫째, 러시아 국민은 의회보다는 행정부를 중시하는 경향이 강하다고 봤다. 거대한 영토와 다양한 인종으로 구성된 러시아는 소련 시대 이전부터 절차와 다양성을 중시하는 민주주의보다는 안정과 질서를 더 중시하는 문화가 깔려 있다. 러시아 국민은 국가 안정과 발전에서 정부의 역할, 특히 행정부의 역할이 크다고 봤다. 역사적으로도 보면 중앙집권화된 소비에트 체제하에서 소수 엘리트에 의한 통치가 지속되어왔다. 이러한 역사·문화적 전통이 소련 붕괴 이후 러시아 국가건설 과정에도 반영되어 나타났다.

둘째, 정당제도의 미성숙과 불신이 주권민주주의 탄생에 주요 요인으로 작용했다. 러시아는 역사적으로 시민사회를 경험하지 못했다. 시민사회의 성장 없이 정당제도가 확립되기 어려운 점도 중요한 요인이다. 일당 지배체제였던 소련 시절 공산당에 대해 좋지 않은 기억이 있는 러시아 국민은 정당에 대한 이해도와 신뢰도가 낮다. 대의제 민주주의에서 정당의 역할로는 시민들의 정치교육, 여론 형성과 조직화 기능이 중요한데 러시아 정당은 이런 기능을 제대로 수행하지 못했다. 서구의 선진 정당제도를 이식하여 공고하게 하는 데 러시아 정당제도가 내용적 한계를 드러낸 이유는 신생 정당들이 시민사회를 기반으로 형성되지 않았다는 데 있다.

러시아에서 통합러시아당과 같은 권력당이 등장하는 순간 선거와 정당 체제의 다양성이 약화하고 러시아 정치체계 내에서 권위주의화가 강화된다. 그럼에도 서구의 발달한 정치제도를 수용한 덕분에 부분적으로는 민주주의 요소가 남아 있다. 러시아 사법 체계의 독립성과 지방 권력의 민주화 정도에서 그런 요소를 찾아볼 수 있다. 그리고 연이은 대통령 선거와 하원 선거 이후에 나타나는 부정선거를 둘러싼 대중들의 대규모 규탄대회와 시위는 러시아 내 비판적 시민사회가 여전히 작동하고 있음을 보여준다.

민주주의의 공고화는 공정하고 자유로운 선거를 통해 정권교체가 장기적으로 반복할 때 그 나라의 민주주의는 공고화됐다고 본다. 이런 차원에서 본다면 현재 러시아 민주주의는 아직 걸음마 수준에서 못 벗어났다고 할 수 있다.

러시아 권위주의와 미성숙한 시민문화

러시아 정치문화에서 권위주의 요소를 빼놓을 수 없다. 러시아 정치역사에는 항상 강력한 지도자가 존재했다. 공후, 차르, 황제, 서기장, 대통령으로 명칭만 바뀌었을 뿐 군주주의적 정치체제를 사실상 그대로 유지해 왔다.

러시아는 역사적으로 서구 국가들과 다른 전통과 문화를 유지하고 있었다. 근대 이후 러시아는 형식적으로 민주주의 제도를 유지했지만 실제로는 전체주의와 관료가 지배하는 관료제 국가로 이어져 왔다. 소련 공산 체제가 몰락한 이후 시민사회 내 자유민주주의가 확산하고 민주주의에 대한 열망이 강력하게 작동했으나 경제적·물적 한계와 짧은 참여민주주의 역사로 서구의 민주주의와는 비교할 수 없을 정도로 제한된 정치적 자유를 얻게 됐다.

한편, 러시아 정치문화를 역사적 연속성이라는 관점에서 보는 시각이 존재하는데, 바로 이런 시각이 러시아 정치사상사에서 주요한 맥락을 차지한다. 러시아 권위주의가 역사적으로 내재해 있다는 시각에서 16세기 이래 지속해 온 러시아 정치문화를 보면 중앙집권화, 관료화, 전통적 독재 성향 등이 특징으로 나타난다. 이런 특징이 소비에트 정치문화에 영향을 미쳤고 스탈린주의도 모스크바 정치문화의 복원으로 본다. 제정 러시아 시대부터 이어져 온 고도로 중앙집권화된 왕정 정치와 독재자 차르에 대한 대중들의 개인 우상화 현상, 대중의 요구를 들어줄 제대로 된 통로와 제도가 부족했던 소비에트 체제에서 그런 전통적 정치문화가 남아 있었다. 이런 가운데 소련이 붕괴하고 러시아가 독립한 이후 공산당 일당독재가 다당제로 전환되면서 권위주의적 정치문화에도 변화가 일기 시작했다. 2000년에 등장한 푸틴 정부는 옐친 정부의 제도적 민주주의를 전반적으로 계승하면서 국가발전 방향을 서구적 모델에서 러시아에 맞는 절충형 모델로 수정했다. 이때 러시아는 국가자본주의를 국가모델로 설정하고 추진했다.

푸틴 대통령이 러시아 국민 사이에서 누린 높은 인기와 지지를 러시아 정치문화에 내재한 속성에서 나타난 현상으로 본다면 그런 문화의 역사적 연속성과 전통성에 대해 어느 정도 이해할 수 있을 것이다. 그렇다고 러시아 국민의 민주주의 인식이 낮다고는 볼 수 없다. 러시아 정치문화를 역사적 연속성으로 보는 관점과는 달리 러시아가 근대화되는 과정에서 교육받은 대중의 등장과 물질적 기반을 바탕으로 한 중산층의 대두, 서구 민주주의 제도와 법률 도입 과정에서 러시아 내 시민사회의 출현과 시민들의 민주주의 의식이 달라졌다는 점에서도 이를 확인하고 있다.

그러나 정치분석가 피터 라벨은 "러시아인은 서방 정치개념을 다르게 이해하고 있다. 서방에서는 권위주의가 악으로 평가받고 있지만, 러시아에서는 법과 질서 확립을 위한 정부의 통치방식으로 이해된다"라고 강조했다. 이런 생각은 법보다는 질서가 먼저이며 안정을 위한 강력한 시스템이 없으면 소련과 같이 정부가 붕괴한다고 보는 것과 같은 시각이다. 언론 검열 시스템도 언론의 품질을 유지하기 위한 정부의 권리와 책임이라고 보며, 언론 부패와 선정적 보도를 통제하고 국가의 가치를 선전하기 위한 통제는 필요한 조치라고 본다.

러시아인은 자유주의와 자본주의에 대해서도 부정적인 시각을 보인다. 자유주의에 관해서 말하자면, 자유주의의 부정적인 요소인 소수가 국가의 부를 독점하고 통제하는 것을 인정하는 사상으로 소수의 이익을 보장하는 시스템으로 본다. 소련 붕괴 이후 언론의 자유와 정치적 자유가 최고로 보장됐던 옐친 시기에 나타난 부패와 부조리, 빈곤을 경험한 러시아인들에게는 민주주의가 부정적인 이데올로기로 보일 수밖에 없다. 언론의 자유도 마찬가지다. 러시아 독립과 함께 찾아온 언론의 자유는 옐친 정부 시기에 꽃을 활짝 피웠다. 그러나 10년간 이어져 온 언론의 자유와 역할도 옐친 정권 후반기에 급격히 위축하기 시작하여 정부에 비판적인 잡지와 신문, 방송이 문을 닫기도 했다.

이런 경향은 푸틴 정부에 들어오면서 가속화됐다. 2000년 9월 푸틴 대통령은 정보안보 독트린을 발표하여 대중매체와 정보에 대한 국가 통제를 선포했다. 직간접적인 언론 통제로 인하여 러시아 언론 자유화 지수는 166개국 중 148위로 하락했다. 푸틴 2기에는 권위주의화가 더욱 강하게 나타나 미국의 국제인권단체 프리덤하우스는 러시아를 민주주의 국가로 더는 분류하지 않았다. 그러나 옐친 시기에 싹 텄던 언론 자유와 시민사회 형성, 다원주의 정당 활동이 러시아 시민들의 기억에 남아 있는 한 과거 소비에트 정치문화로 되돌아가는 것은 어렵다고 본다. 페레스트로이카 시기에 존재했던 풀뿌리 NGO들은 소련 붕괴 이후 민주주의 이행 초기에 중요한 역할을 담당했다. 그러나 지역 조직과 연계된 통합 조직을 건설하는 데 실패하면서 급속히 약화했다. 러시아 시민사회는 역사와 경험이 짧고 적어 푸틴 정부 아래서 민주주의가 자주 후퇴하고 있다. 따라서 시민사회 확대와 강화는 러시아 민주주의 발전에서 중요한 초석이 된다.

현대 러시아인은 과거와 달리 이미 서구화되었고 물질적 기반을 갖춘 중산층 형성과 서구 민주주의 교육 수준, 민주주의 제도에 대한 지지 정도를 보았을 때 러시아인들의 민주주의 열망은 높다고 할 수 있다.

1991년 이후 옐친 시대에는 민주주의 정치체제가 위로부터의 개혁과 체제 전환을 통해 만들어졌거나 주어졌고, 민주주의적 정치문화가 성숙하지 못했다면, 그와 다르게 2020년대 러시아인은 민주주의 교육 수준과 서구화 수준이 훨씬 더 높다.

서구식 절차적 민주주의 수용과 러시아식 주권민주주의 확립

러시아에서는 민주주의가 소비에트 민주주의에서 식민민주주의, 위임민주주의에서 변형되어 오면서 권위주의적 형태의 러시아식 주권민주주의가 완성됐다고 할 수 있다. 지난 시기 수차례에 걸친 총선과 대선은 헌법적 틀 안에서 다수의 정치세력이 헌정 단절 없이 꼬박꼬박 합법적으로 선거에 참여하면서 진행했다. 선거 과정의 불투명성과 불공정성이 대두되기도 했지만, 심각한 부정선거는 없었고 선거에 참여한 정당과 유권자들이 선거 결과에 대부분 승복했다. 선거 이후 부정선거를 둘러싼 대규모 집회와 시위가 있었어도 정부 지지와 특히 푸틴 대통령 지지도는 항상 높은 수치를 나타냈다.

러시아 의회정치는 역사적 경험도 짧고 시민의 정치적 참여 기반도 허약하다. 그러나 대중의 선거운동과 참여로 이뤄지는 과정에서 권력을 차지하는 선거제도와 절차는 어느 정도 정착됐다고 할 수 있다. 러시아식 민주주의라는 주권민주주의에 대해서도 단순하게 서구의 잣대로만 평가할 수 없다. 국가마다 나름의 민주주의 발전 경로가 있고 시민사회의 성숙 정도가 다를 수밖에 없다. 러시아가 처한 국제 사회 내 위치, 외부 세력의 압박과 위협에 대한 국민의 체감 수준 등과 같은 요인들이 러시아 민주주의 토착화에 지대한 영향을 준다. 대다수 러시아 국민은 비효율적인 민주주의보다는 효율적인 관리민주주의나 주권민주주의에 더 동의한다. 이런 배경에서 볼 때 서구 민주주의의 이식이 러시아 민주주의로 발아하고 개화하여 성장하기까지는 러시아인들의 학습 과정과 시간이 여전히 더 필요하다.

러시아 관제 이데올로그들은 러시아 민주주의를 관리민주주의라고 지칭했다. 관리민주주의란 대통령의 권한이 의회보다 강하고 국가가 시민사회를 통제하면서 친정부 사회세력을 조직화하여 국가 통제를 강화하는 것을 특징으로 한다. 반면 주권민주주의는 주권과 민주주의에서 주권에 더 중요성을 두는 개념이다. 이는 "러시아는 러시아식 민주주의를 고수할 것이며 서방 국가들은 이를 존중해야 한다"라는 주장에서 나왔다. 옐친 시기의 위임민주주의는 푸틴 집권기에 주권민주주의로 전환된다. 주권민주주의 개념은 2005년 4월 푸틴이 하원에서 행한 국정연설에서 "러시아는 역사적, 지정학적 특징에 기초해서 자신만의 민주주의 경로를 선택할 권리를 갖는다"라고 역설한 데서 기원했다. 이후 주권민주주의는 정부 여당의 공식 이념으로 자리 잡았다. 당시 대통령 행정실장이었던 수르코프가 고안해낸 주권민주주의 개념은 러시아식 해석과 적용을 통한 서구적 민주주의 체제와 제도의 선별적 수용을 뜻한다. 그가 주장한 주권민주주의의 핵심은 러시아 주권이 다양한 외부 세력의 위협 아래 놓여 있으므로 외부의 압력을 방어하면서 국익에 부합하는 정치

시스템이 필요하다는 것이다.

그는 2004년 11월 우크라이나에서 일어난 오렌지혁명으로 부정부패로 얼룩진 레오니트 쿠치마 정권이 붕괴하는 것을 보고 우크라이나의 민주주의 혁명이 러시아로 파급될 것을 우려했다. 우크라이나 오렌지혁명이 서구의 조종과 기획에 의한 것이라고 보고 서방의 간섭을 배제한 독자적 발전 모델을 모색하게 된 것이다. 러시아의 주권민주주의 개념에는 강한 러시아, 국가의 경제 영역 통제 강화, 분배 평등과 러시아의 강대국 지위 회복을 통한 민족주의가 내포되어 있다. 수르코프는 정치문화에서 다원주의와 자유주의는 서구적 해석일 뿐이며 러시아는 주권민주주의를 구축하기 위해서 강력한 중앙집권체제가 필요하다고 보았다.

러시아 주권민주주의 실행의 주요 내용을 살펴보면, 먼저 러시아연방을 구성하는 주체들에 대한 직접적인 통제를 위해서 러시아 행정구역을 8개 군관구로 나누고 군관구마다 대통령 전권대사를 임명하여 파견했다. 이러한 조치는 중앙정부의 지방정부 통제권 강화로 나타났고 따라서 러시아 지방자치제도의 후퇴를 의미했다. 두 번째 조치는 언론 통제였다. 푸틴 정부는 정보안보독트린을 통해서 언론사의 역할을 제한했다. 국가 이익이라는 명분하에 언론 통제가 시작됐다. 세 번째 조치로 기존의 연방정부 선출직 주지사를 대통령이 직접 임명하여 대통령과 중앙정부의 권한을 강화했다. 네 번째로는 하원의원 전원을 비례대표로 선출하는 선거 개정법안을 발의하여 통과했다. 끝으로, 시민사회 활동을 제한하는 NGO 규제법을 제정하여 실행했다. 2006년 4월 17일 발효된 이 법안은 러시아 정부에 비판적인 언론과 NGO 단체들의 활동을 중단하게 했다. 이는 서구로부터 이식된 제도와 절차를 러시아 권위주의 정치문화에 적합하게 변형하여 적용한 사례이다. 푸틴 체제 아래서 진행된 주권 민주주의는 2007년 12월에 시행된 하원 선거에서 국민의 절대적 지지를 받아 의석의 2/3 이상을 차지하는 권력당이 탄생함으로써 완성됐다. 물론 서방에서는 하원 선거가 불공정하게 관리된 선거였다면서 선거 과정에 대한 정부 행정력의 과도한 개입, 야당 탄압, 권력당의 대중매체 독점, 소수정당 참여 배제 등을 지적했다.

2018년 집권 4기 시작과 함께 푸틴 대통령은 스탈린 이래 최장 집권하는 러시아 지도자가 되었다. 푸틴의 정치 지도력은 국내외적 영향과 대중과의 관계, 엘리트 집단에 의해서 독특한 정치체계를 발전시켰다. 첫째, 푸틴은 민주주의의 외형을 유지하고 주기적 선거를 통한 절차적 민주주의를 유지했다. 그러나 이와 함께 자신을 정점으로 중앙집권적 권력을 강화했다. 절차적 민주주의는 유지되면서 국가와 시민사회의 불균형이 두드러지게 나타났다. 둘째, 정책의 효율성과 실효성을 중시하여 정책 결정 과정에서 대중의 참여를 제한했다. 대중의 탈정치화는 개혁의 걸림돌로 계속해서 작용하며 결국 정부의 무능으로 연결됐다. 셋째, 푸틴은 자신을 중심으로 권력을 집중하고 수직화하면서 민주주의의 외형과 법치의 원칙을 고수하려고 했다. 그래서 2008년 헌법 중단이나 개헌을 통해 정권을 유지하기보다는 드미트리 메드베데프(1965~)가 대통령으로, 자신은 총리로 4년간 정부를 통치했다. 넷째, 푸틴은 민중의 탈정치화 실용주의를 내세우면서 자신의 권력을 강화하기 위하여 국가주의, 애국주의 등을 확산·강화했다.(장덕준, 2018)

이는 제도적 함정으로 기존의 통치 엘리트들이 정치적·경제적 이익을 보존하는 정책, 즉 안정되지만 무능한 균형의 현상 유지 정책으로 나타난다. 그리고 엘리트와 대중 사이에서는 어느 쪽도 기득권 세력의 그런 밀실 합의를 깨려고 하는 성향을 찾아볼 수 없다. 이런 제도적 함정이 푸틴 시기 러시아의 가장 중요한 문제가 되고 있다. 푸틴의 러시아가 전체주의나 파시즘적인 성향을 띠고 있는 것은 아니며 그렇다고 권위주의 정권으로 표현하기도 애매하다. 전통적 권위주의와 민주주의 사이에 놓여 있는 하이브리드 정치체제에 더 가깝다고 할 수 있다. 하이브리드 체제는 민주주의적 요소와 독재적 요소가 결합한 상태의 정치체제를 말한다. 푸틴은 개인적 카리스마와 대중적 지지를 바탕으로 입법과 사법, 행정, 시민단체, 언론과 같은 사회적 행위자에 별다른 견제를 받지 않고 국정 전반에 절대적 영향력을 행사하고 있다는 점에서 일인 독재라고 볼 수 있다. 그러나 푸틴은 법의 지배라는 원칙을 강조하면서 절차적 민주주의 틀을 유지함으로써 민주주의의 외형을 지켜왔다. 정당법 개정과 주지사 직선제 폐지 등 대의제 민주주의와 헌정주의를 침해했다는 비판과 언론 통제, 법에 의한 독재라는 비난을 받았으나 절차적 민주주의의 외피는 유지됐다.

이렇듯 러시아는 정치 영역에서 서구의 제도적 민주주의를 도입했음에도 권위주의적 사회문화의 영향으로 인해서 서구식 민주주의 제도

실행에서 비민주적 요소를 띨 수밖에 없었다. 시민사회의 목표인 민주주의 신장이라는 열망과 경제번영이라는 국가적 목표와 상호 충돌할 때 나타나는 근대 정치역사의 어두운 그림자인 개발독재를 우리는 역사에서 많이 보아 왔다. 러시아 국가건설 과정에서 나타난 급진적 정치·경제 개혁과 사유화 추진은 러시아 국민에게 커다란 압박과 고통으로 이어졌다. 특히 이 과정에서 나타난 부정부패와 경제 위기 등 많은 문제점은 서구 자본주의와 자유민주주의 이데올로기를 바라보는 러시아 국민의 회의와 불신을 낳고 러시아식 주권민주주의 탄생이라는 퇴보로 이어졌다.

지난 30년간 러시아가 추진한 체제 전환 과정에서 서구식 제도와 정치구조를 받아들인 개혁정책으로 제도적 민주주의는 적어도 형식적 차원에서 확립됐다고 볼 수 있다. 그러나 실제 현실에서 나타나는 시민문화의 내용적 측면과 질적인 수준에서 진정한 민주주의가 이뤄졌느냐를 두고서 대다수 전문가는 러시아의 민주주의 이행이 파행적 경로를 걷고 있다고 보면서 러시아를 준권위주의 국가 혹은 권위주의 국가로 분류하고 있다.

소련 붕괴 이후 전면적이고 급진적으로 받아들인 서구 민주주의 정치제도와 가치는 권위주의 통치체제, 총체적 부정부패, 시민사회 미성숙으로 말미암아 좌초했다. 푸틴은 시민사회가 무력화한 가운데 권력당이 장악한 러시아 정치지형에서도 법치주의라는 외형상 민주주의 원칙을 유지하고 헌정질서를 파괴하지 않았으며 절차적 민주주의를 준수하는 모습을 그나마 보였다. 또한, 주기적인 선거와 다당제를 제도화하는 등 의회제도의 외형을 유지했다. 러시아가 추진했던 초기 체제 전환 과정에서 사회적 혼란과 경제적 문제점들이 많이 발생했음에도 러시아 정치 영역에서 서구 민주주의 제도 도입으로 혁신적 제도화가 일부 이뤄진 것은 사실이다. 소련 붕괴 직후 러시아 독립 초기의 체제 전환 과정에서 발생한 경제적·사회적 혼란으로 인해 훗날 역사가들이 옐친 정부를 실패한 정부라고 평가할 수도 있으나 정치 영역의 제도 개선과 경제 영역의 개혁이 전반적으로 신속하게 완결됐다는 점에서 옐친 정부의 공과가 동시에 존재한다. 현대 러시아에서 서구 민주주의의 꽃인 정당제도와 선거제도, 의회제도, 시민사회, NGO 활동, 참여민주주의가 여전히 제한되고 있지만, 소련 붕괴 이후 채택한 서구 민주주의 제도와 정치문화는 이미 러시아 전역에 적잖이 뿌리내리고 있다.

참고문헌

유진숙. “러시아 민주주의 공고화의 실패-구조, 제도, 행위자.” 『기억과 전망』, 통권 35호 (2009).

이선우. “메드베데프-푸틴 양두체제의 제도적 기반.” 『국제정치논총』, 55권 2호 (2015).

장덕준. “푸틴 시기 러시아의 정치체제: ‘푸틴주의’의 특성을 중심으로.” 『중소연구』, 제42권 제3호 (2018).

Gontmakher, Evgeny and Cameron Ross. “The Middle Class and Democratisation in Russia.” *Europe-Asia Studies,* Vol. 67, No. 2 (2015).

저자 소개

김준석

한국외국어대학교 노어과를 졸업했고 러시아 과학아카데미 러시아문학연구소에서 박사학위를 받았다. 현재 한국외국어대학교 러시아연구소 HK연구교수로 재직하고 있다. 저서로는 『개인 서신에 나타난 작가의 제 문제』(2009)가 있다. 최신 논문으로는 「문화와 역사의 심리학: 1920년대 러시아 문학에 나타난 상징과 신화로서의 집」(2019), 「동슬라브 신화와 포스트모더니즘 문학: 『모스크바-페투시키』에 나타난 민담 구조 연구」(2020), 「1920-30년대 소련 사회에 나타난 사회심리학적 변화: M. 불가코프의 소설을 중심으로」(2021), 「동슬라브 신화의 현대적 변용: 축제 마슬레니차에 나타난 '삶'과 '죽음'의 모티프」(2021) 등이 있다.

이은경

한국외국어대학교 노어과를 졸업했고 한국외국어대학교 대학원 노어노문학과에서 문학박사 학위를 받았다. 현재 한국외국어대학교 국제지역연구센터 HK교수로 재직하고 있다. 주요 저서로는 『EBS 입에서 톡 러시아어』(2007), 『New Start 러시아어 첫걸음』(2010), 『러시아어 기본어휘』(2012), 『포시에트에서 아르바트까지』(공저, 2017), 『극동의 부상과 러시아의 미래』(공저, 2019), 『알록달록 유라시아 문화로!』(2021) 등이 있다. 최신 논문으로는 「소비에트 애니메이션의 '러시아적 캐릭터' 모색과 구현」(2020), 「숄롬 알레이헴의 『메나헴 멘들』: 러시아 유대인의 초상(肖像)」(2021), 「동북아시아 교류와 충돌, 혼종문화의 접점 사할린」(2021)이 다수가 있다. 역서로는 고은의 『만인보』 러시아어판(공역, 2010), 김지하의 『타는 목마름으로』 러시아어판(공역, 2017)이 있다.

박선영

충북대학교 노어노문학과를 졸업하고 서울대학교 대학원 노어노문학과에서 석사학위를 받았으며 동대학원에서 박사과정을 수료했다. 이후 상트페테르부르크 소재 러시아 과학아카데미 러시아문학연구소에서 박사학위를 받았다. 현재 서울대학교 강사로 재직하고 있다. 저서로는 『Organicheskaya poetika Osipa Mandel'shtama』(2008), 『예술이 꿈꾼 러시아 혁명』(공저, 2017), 『Mandel'shtamovskaya entsiklopediya』(공저, 2017), 『우리에게 다가온 러시아 발레』(공저, 2021) 등이 있다. 최신 논문으로는 「'시'와 '진실'의 경계를 넘나드는 위(僞)전기: 게오르기 이바노프의 회상록을 중심으로」(2020), 「역사성과 현재성의 관점에서 살펴본 러시아 고전 오페라의 현대 연출 미학과 경향: 차이콥스키의 오페라 「예브게니 오네긴」을 중심으로」(2020), 「발레 「봄의 제전」의 글로컬리즘적 변주 양상 일고」(2021) 등이 있다. 역서로는 『사모일로프 시선』(2012), 『러시아 정체성: 포스트소비에트의 이념과 정서』(2018) 등이 있다.

라승도

한국외국어대학교 노어과를 졸업했고 미국 텍사스주립대학교 슬라브어문학과에서 박사학위를 받았다. 현재 한국외국어대학교 러시아연구소 HK연구교수로 재직하고 있다. 저서로는 『붉은 광장의 아이스링크: 문화로 보는 오늘의 러시아』(공저, 2008), 『시네마트료시카: 영화로 보는 오늘의 러시아』(2015), 『극동의 부상과 러시아의 미래』(공저, 2019), 『북극의 이해』(공저, 2021) 등이 있다. 최신 논문으로는 「절망의 풍경: '희망 공장'에 나타난 노릴스크의 북극 이미지와 도시 정체성」(2020), 「타자의 초상: 현대 러시아 영화에 나타난 서구 이미지」(2021), 「내적 타자의 다면성: 최신 러시아 영화에 나타난 북극 토착민의 시각화」(2022)가 있다. 역서로는 『러시아 영화: 문화적 기억과 미학적 전통』(2015)과 『시간의 각인』(2021)이 있다.

황성우

한국외국어대학교 노어과를 졸업했고 같은 대학교 대학원 동구지역연구학과에서 석사학위, 국제관계연구학과에서 박사학위를 받았다. 한국외국어대학교 러시아연구소에서 책임연구원을 거쳐 현재 HK교수로 재직하고 있다. 저서로는 『러시아 왕조: 러시아 역사 속 군주 이야기』(공저, 2019), 『러시아, 도시로 읽다』(공저, 2019), 『러시아 프리즘』(공저, 2018) 등이 있다. 논문으로는 「종교와 상징 공간: 카피쉐와 소도 비교 연구」(2021), 「러시아의 기

독교화 과정: 기독교적 세계관의 수용 시점을 중심으로」(2021), 「타자의 수용: 러시아 정교와 민간신앙의 혼종」(2020), 「러시아의 폴란드 병탄 과정」(2017), 「예카테리나 2세의 '그리스 프로젝트'」(2016), 「러시아 소볼호 사건의 의미」(2013) 등이 있다.

송준서

한국외국어대학교 노어과를 졸업했고 미국 미시간주립대학교 사학과에서 박사학위를 받았다. 현재 한국외국어대학교 러시아연구소 HK교수로 재직하고 있다. 저서로는 『프스코프주 이야기』(2012), 『러시아 프리즘: 보이는 현실, 숨겨진 진실』(공저, 2018), 『세계사 속의 러시아 혁명』(공저, 2019), 『러시아 도시로 읽다』(공저, 2019) 등이 있다. 최신 논문으로는 「Branding Local Towns in Post-Soviet Russia through Reinventing Local Symbols」(2018), 「러시아와 포스트소비에트 신생독립국의 기념비 전쟁과 타자 인식」(2021), 「19세기 신슬라브주의자 니콜라이 다닐렙스키의 유럽 인식과 러시아」(2022)가 있다. 역서로는 『러시아문서보관소 자료집』(공역, 2020)이 있다.

김혜진

한국외국어대학교 노어과를 졸업했고 러시아 모스크바국립대학교 역사학부 민족학과에서 박사학위를 받았다. 현재 한국외국어대학교 러시아연구소 HK연구교수로 재직하고 있다. 저서로는 『민족의 모자이크, 유라시아』(공저, 2016), 『민족의 모자이크, 러시아』(공저, 2019), 『러시아 도시로 읽다: 상트페테르부르크에서 블라디보스토크까지』(공저, 2019) 등이 있다. 최신 논문으로는 「러시아 지방 도시 경관의 변화와 새로운 도시 이미지의 형성: 요시카르-올라를 중심으로」(2018), 「메가이벤트 개최와 러시아 지방의 도시브랜드 구축 가능성」(2019), 「탱크, 낙타, 그리고 운석: 도시 상징으로 본 첼랴빈스크의 새로운 이미지 구축 전망」(2022) 등이 있다.

김선래

단국대학교 정치외교학과를 졸업했고 러시아 모스크바 세계경제·국제관계연구원(IMEMO)에서 박사학위를 받았다. 현재 한국외국어대학교 러시아연구소 HK연구교수로 재직하고 있다. 저서로는『레나강과 콜리마 대로』(공저, 2019),『열린 유라시아 협력벨트와 중앙유라시아』(공저, 2019),『러시아, 도시로 읽다』(공저, 2019),『푸틴 4.0: 강한 러시아』(공저, 2019),『아시아와 북방, 문화접점의 확인』(공저, 2021),『2021 동아시아 전략평가』(공저, 2021) 등이 있다. 최신 논문으로는「상대적 이익관점에서 본 GTI와 동북아 국제협력」(2018),「극동러시아 관광산업」(2019),「연방주의의 탈근대적 형태로서의 러시아-벨라루스 국가연합 논의에 대한 고찰」(2019),「러시아의 공세적 동북아 외교안보정책과 對한반도 접근 전략」(2021)이 있다.

한국외국어대학교 러시아연구소
HK연구사업단 학술연구총서 39

천년의 러시아
모방과 변용의 문화

초판 인쇄 2022년 5월 26일
초판 발행 2022년 5월 30일

지은이 라승도 김준석 이은경 박선영 황성우 송준서 김혜진 김선래
발행인 고윤성 Director, University Knowledge Press
편집장 신선호 Executive Knowledge Contents Creator
도서편집 장혜정 Contents Creator
디자인 한 지 Designer
김대욱 Designer
인사행정 이근영 Managing Creator
재무관리 조아라 Managing Creator
정예찬 Managing Creator
사전·앱북 장지혜 Contents Creator
캐릭터 정정은 Contents Creator
발행처 한국외국어대학교 지식출판콘텐츠원
02450 서울특별시 동대문구 이문로 107
전화 02)2173-2493-7
FAX 02)2173-3363
홈페이지 http://press.hufs.ac.kr
전자우편 press@hufs.ac.kr
출판등록 제6-6호(1969. 4. 30)
인쇄·제본 (주)케이랩 053)583-6885

ISBN 979-11-5901-712-4 [03920] 정가 17,000원

* 잘못된 책은 교환하여 드립니다.

HU:iNE 은 한국외국어대학교출판부의 어학도서, 사회과학도서, 지역학도서 Sub Brand이다. 한국외대의 영문명인 HUFS, 현명한 국제전문가 양성(International+Intelligent)의 의미를 담고 있으며, 휴인(携引)의 뜻인 '이끌다, 끌고 나가다'라는 의미처럼 출판계를 이끄는 리더로서, 혁신의 이미지를 담고 있다.

이 책의 본문은 '을유1945' 서체를 사용했습니다.